J. Oswald Sanders

Zur geistlichen Reife

Zur geistlichen Reife

von
J. Oswald Sanders

Christlicher
Missions-
Verlag

Deutschsprachige Ausgabe von »ON TO MATURITY« von J. Oswald Sanders mit Genehmigung von OMF International (früher China Inland Mission).

ISBN 3-932308-58-1
CMV-Bestellnummer: 30858

Autor: J. Oswald Sanders
© 2005 deutsche Ausgabe: Christlicher Missions-Verlag, 33729 Bielefeld
Gesamtgestaltung und Textrevision: CMV
Druck: St.-Johannis-Druckerei C. Schweickhardt
GmbH & Co KG
Printed in Germany

Inhaltsverzeichnis

Teil I

1. Gottes Vorsehung will dein Bestes 9
   »Wir wissen aber, dass ... alle Dinge zum Besten dienen...« Röm. 8,28

2. Gotteserkenntnis offenbart dein sündiges Wesen 19
   »So lass mich deine Herrlichkeit sehen!« 2. Mose 33,18

3. Gottes Ausdauer gibt dich niemals auf 28
   »Der Gott Jakobs.« Ps. 46,7 — »Du Wurm Jakob.« Jes. 41,14

4. Gottes Zucht hat ein gutes Ziel 39
   »Pflügt ... ein Ackermann ... immerfort um?« Jes. 28,24

5. Gottes Kraft wirkt in deiner Schwachheit 48
   »... meine Kraft ist in den Schwachen mächtig...« 2. Kor. 12,9

6. Gottes Augen hassen deinen Stolz 56
   »Diese sechs Dinge hasst der Herr ... stolze Augen.« Spr. 6,16.17

7. Gott trägt dich durch Feuerproben 68
   »Ich sehe aber vier Männer ... und der vierte sieht aus, als wäre er ein Sohn der Götter.« Dan. 3,25

Teil II

8. Christi Erscheinung überwältigt 80
»... einen, der war einem Menschensohn gleich...« Offb. 1,12.13

9. Christi Würde verlangt Anbetung 90
»Das Lamm, das geschlachtet ist, ist würdig...« Offb. 5,12

10. Christi Fürbitte dauert noch an 102
»Darum lebt er immer und bittet für sie.« Hebr. 7,25

11. Christi Charakterideal fordert heraus 111
»Selig sind, die da geistlich arm sind.« Matth. 5,3

12. Christi Nachfolge fordert völlige Hingabe 121
»So jemand zu mir kommt ... und mir nachfolgt.« Luk. 14,5-6.27

13. Christi Anspruch verlangt deine erste Liebe 130
»Dem Engel der Gemeinde zu Ephesus schreibe...« Offb. 2,1

14. Christi Herrschaft erhebt dich zum Herrscher 139
»... herrschen im Leben durch den Einen, Jesus Christus.« Röm. 5,17

Teil III

15. Gottes Geist will dich erfüllen 152
»Und es geschah plötzlich ein Brausen vom Himmel...« Apg. 2,2

16. Gottes Geist will dich verwandeln 159
»... werden verklärt ... von dem Herrn, der der Geist ist.« 2. Kor. 3,18

17. Gottes Geist will dich läutern 167
»Da fiel das Feuer des Herrn herab.« 1. Kön. 18,38

18. Gottes Geist will seine Kraft in dir entfalten 177
»... nicht durch Heer oder Kraft, ... durch meinen Geist...« Sach. 4,6

19. Gottes Geist ist die Triebkraft der Mission 186
»Ihr werdet die Kraft des Heiligen Geistes empfangen...« (Apg. 1,8)

Nachwort 198

Teil I
Gottes Vorsehung
will dein Bestes

Kapitel 1

Gottes Vorsehung will dein Bestes

»Wir wissen aber, dass denen, die Gott lieben, alle Dinge zum Besten dienen, denen, die nach seinem Ratschluss berufen sind.« (Röm. 8,28)

Lesetext: Röm. 8,26-30

Dieser Satz, wörtlich genommen, vermag dem Gläubigen in Zeiten der Not uneingeschränkten Trost und große Ermutigung zu vermitteln. Paulus war von dieser Wahrheit tief überzeugt. »Und wir wissen, dass alle Dinge zum Besten dienen...« Hier ist jede Frage überflüssig. Er hatte ein unerschütterliches Vertrauen in die bestimmende Vorsehung Gottes. Er glaubte, dass Gott alles zum Besten wendet. Für ihn schloss diese Überzeugung jede Klage aus, weil jede Lebenslage entweder von Gott geplant oder zugelassen ist. »Seid dankbar in allen Dingen!« Dieses Wort offenbart eine Haltung der inneren Reife des Paulus, die nach Gottes Rat erreicht werden kann. Sie verwandelt Seufzen in Singen. Es war ein praktisches Annehmen dieser Wahrheit, die ihn und seinen Begleiter befähigte, mitten in der Nacht zu singen, obgleich ihre Pläne scheinbar durchkreuzt waren und sie mit blutendem Rücken in einem Gefängnisverlies eingekerkert lagen. Solange sich Paulus seiner Liebe zu Gott und des Zwecks seiner Berufung bewusst war, bekümmerte es ihn wenig, ob seine äußeren Verhältnisse angenehm waren oder nicht. Alles, ob scheinbar ungünstig oder vorteilhaft, wird bestimmt zu seinem Besten dienen. Es stellt sich uns die wichtige Frage: Teilen wir diese freudige Gewissheit des Paulus?

Paulus macht seine Aussage aus einer solch tiefen Überzeugung heraus, dass es unmöglich ist, angesichts dieser erstaun-

lichen Behauptung neutral zu bleiben. Wäre sie etwas abge-
schwächt oder weniger dogmatisch ausgedrückt, könnte man sie
leichter annehmen. Wenn wir in tiefstem Leid oder unter schweren Schicksalsschlägen stehen, scheint die Erklärung, dass alle
Dinge zum Besten dienen, eher leichtfertig und weit entfernt
von der grauen Wirklichkeit des Erlebens zu sein. Ist es wirklich
so? Sollte diese Behauptung nicht mit geheimem Zweifel geprüft
werden? Oder können wir sie froh bejahen? In ihrem vollen
Wortlaut genommen, gibt es in der ganzen Bibel keinen Vers, der
damit verglichen und inmitten des Leides, der Schwierigkeit
oder Enttäuschung gleichbedeutend und klar wäre.

Der Schlüssel zur Erklärung der zentralen Behauptung »Alle
Dinge dienen zum Besten« ist, dass sie weder vom Text noch von
ihren zwei bestimmenden Nebensätzen getrennt werden darf:
»denen, die Gott lieben« und »denen, die nach dem Vorsatz berufen sind«. Diese zwei Nebensätze schränken die Bedeutung
ein. Es bleibt die einfache Tatsache bestehen, dass alle Dinge
nicht ohne bestimmte Voraussetzungen jedermann zum Besten
dienen. Dieser Vers meint dies auch nicht. Zwei Dinge sind Voraussetzung. Vor allem muss das Verhältnis zu Gott geordnet
sein. Der durch diese biblische Verheißung Bevorzugte ist ein
Glied der Gottesfamilie, der sich der Zuneigung der Familie
erfreut und dazu bekennt. Ein solcher Mensch weiß, dass der,
der seines eigenen Sohnes nicht verschonte, nie etwas zuließe
oder bestimmte, was nicht zu seinem Besten diente — Liebe ver-
traut, auch dann, wenn sie nicht sehen kann. Dann gibt es die
Teilhaberschaft. Er ist einer der »Berufenen« nach Gottes ewi-
gem Plan. Seine eigenen Pläne sind in Gottes Plan aufgegeben
worden. Für ihn ist es unbegreiflich, dass Gottes vollkommene
Absicht mit ihm vereitelt werden könnte durch etwas, das ihm
zuwider wäre. Gott flicht alles so ineinander, dass es sich zu seinem Besten auswirkt. Wo das Leben unter Gott steht, sind Zu-
fälle nicht zufällig und Widrigkeiten nicht widrig. Darum wird
Gottes Plan jenen Menschen enthüllt, die er berufen hat und die
ihn deshalb lieben. Die Verheißung schließt nichts in sich für

denjenigen, der sich gegen Gott auflehnt und seine Zwecke nicht gutheißt. Dieser Vers wird einem kalten Herzen zum Stein des Anstoßes. Wenn aber das Herz von Liebe zu Gott erfüllt ist, glüht es vor Freude. Doch um zu dem Trost dieses Verses berechtigt zu sein, müssen wir in die von Paulus festgelegte Klasse eingegangen sein.

Es stellen sich aber die unumgänglichen Fragen: Kann ein Unglück gut sein? Ist Krankheit gut? Ist es gut, einen Menschen durch Krankheit zu verlieren? Ist Enttäuschung gut? Warum lässt Gott solche Schläge zu?

In den Tagen des Paulus gab es vier charakteristische Reaktionen in Notlagen. Die Haltung der Epikureer lautete: »Lasset uns essen und trinken, denn morgen sind wir tot.« Der Zyniker schob dem Schicksal das Schlimmste zu. Der Stoiker biss die Zähne zusammen und machte sich hart, um den göttlichen Willen annehmen zu können. Epiktet schrieb: »Habe den Mut, zu Gott aufzusehen und zu sagen: Handle fortan mit mir nach deinem Willen! Ich bin damit einverstanden. Ich bin dein und schrecke vor nichts zurück, solange du denkst, es sei gut. Leite mich, wohin du willst; bekleide mich, womit du willst! Willst du mir ein Amt anvertrauen oder es mir vorenthalten, so bin ich damit einverstanden. Willst du, dass ich bleibe oder fliehe, dass ich arm oder reich bin? In allem will ich dich vor den Menschen verteidigen.«

Doch in unserem Text umschreibt Paulus des Christen Haltung nicht als Trotz oder Gleichgültigkeit oder gar hoffnungsloses Hinnehmen. Der Gläubige nimmt das Unglück oder Leid ruhig an, weil er weiß, dass alle Dinge, ob günstig oder widrig, zu seinem Allerbesten dienen.

Gottes Plan ist heilsam

»Alle Dinge dienen *zum Besten.*« Die Schwierigkeit im praktischen Ausleben dieses Verses liegt in unserer Auslegung der beiden Worte: »zum Besten«. Das von Gott in seiner weitsichtigen Liebe verheißene »Beste« mag nicht immer gut und für uns annehmbar erscheinen. Wenn wir seine Führungen vom weltlichen, materialistischen Standpunkt aus betrachten, vermögen wir nichts Heilsames in ihnen zu sehen. Das uns von Gott verheißene Beste ist geistlich und nicht weltlich. Es mag bisweilen lange dauern, bis wir den wirklichen Wert erkennen.

Jahre gingen dahin, bis die eigenartigen Führungen im Leben Hiobs verstanden werden konnten. Seine Prüfungen entstanden im bösen Denken Satans; doch schrieb Hiob diese nie einem blinden Schicksal oder satanischen Kräften zu. Er gab seinen Gedanken darüber mit den getrosten Worten Ausdruck: »Der Herr hat gegeben, der Herr hat genommen, der Name des Herrn sei gelobt!« Als er von seiner Frau verhöhnt wurde, hielt er an seinem Vertrauen zu Gott unentwegt fest. »Wir haben Gutes empfangen von Gott und sollten das Böse nicht auch annehmen?« Seine Glaubenshaltung wurde durch die späteren Ereignisse reichlich gerechtfertigt. Er ging aus seinen Leiden bereichert und nicht verarmt hervor. Durch das Mitwirken Hiobs bediente sich Gott der bösen Absichten Satans, um das Beste zu wirken, ohne in irgendeiner Weise das Böse gutzuheißen.

»Wir stehen in Gefahr, im Besten nur leibliche Genüsse zu verstehen«, schreibt Vernon Grounds. Wenn wir von Krankheit verschont sind und unser Körper nie von Schmerzen geplagt wird; wenn wir jederzeit Geld in unseren Taschen und Vermögen auf der Bank liegen haben; wenn wir in modernen Häusern wohnen und uns jeden Luxus leisten können; wenn wir uns gut kleiden und uns ausgedehnte Ferien am Meer erlauben können, dann glauben wir, das sei das Beste. Unglücklicherweise leben wir in einer materialisierten Zivilisation, und trotz unseres christlichen Glaubens bringen wir es fertig, Behaglichkeit und das göttliche Beste auf die gleiche Ebene zu bringen. Weiter sind wir versucht, Erfolg oder Vergnügen mit dem »Besten« zu vergleichen. Und doch sind solche Vergleiche weit entfernt von der fundamentalen Lehre des Apostels Paulus. Weil wir falsche Vergleiche anstellen, darum haben wir Mühe mit Römer 8,28. Unser Versagen, Paulus zu verstehen, wenn er in allen Lebensführungen das Gute sieht, das ein frohes Wissen für unsere Herzen sein sollte, lässt uns diese Erkenntnis zu einem harten Problem für unseren Verstand werden.

Was immer mein Gott bestimmt,
ist recht, weil er gedenket mein.
Der Kelch, von ihm, dem Arzt, gereicht,
kein gift'ger Trank kann sein.
Denn Gott ist wahr, sein Ratschluss klar.
Drum hoffend ich auf ihn stets blick',
lenkt er doch treu auch mein Geschick.

Könnte ein Unglücksfall diese Wahrheit besser beleuchten als der Brand von Serampore in Indien am 12. März 1812? In wenigen Minuten ging die jahrelange, mit vielen Opfern verbundene Übersetzungsarbeit William Careys in Flammen auf. Der Verlust an Papier zum Druck von Bibeln war unermesslich. Der frisch gegossene Tamil-Schriftsatz und die chinesischen Metalltypen wurden vollständig zerstört. Teile von Manuskripten, Grammatiken und Wörterbüchern, von ihm in mühseliger Arbeit zusammengetragen, verbrannten. William Carey schrieb damals: »Nichts außer der Druckpresse konnte gerettet werden. Dies ist ein schwerer Schlag, weil er das Drucken der Heiligen Schrift auf eine lange Zeit hinaus verzögert. Zwölf Monate harter Arbeit reichen nicht aus, um das Vernichtete wiederherzustellen, vom Verlust der Manuskripte usw. überhaupt nicht zu reden, die wir nie mehr werden ersetzen können.«

Das erwähnte Manuskript bezog sich auf die meisten Teile seiner Schriftauslegungen in indischer Sprache, sein ganzes kanaresisches Neues Testament, zwei Bücher, die das Alte Testament im Sanskrit enthielten, viele Seiten seines Bengali-Wörterbuches, seine ganze Telugu. — Dies alles und ein großer Teil der Punjabi-Grammatik und jede Spur seines weit fortgeschrittenen Sanskrit-Wörterbuches, das *magnum opus* (stattliche Werk) seines sprachlichen Könnens, waren durch das Feuer ausgelöscht. Dann folgt sein Glaubensbekenntnis in Worten, die ähnlich lauten wie unser Text:

»Gott wird zweifellos das Beste aus diesem Unglück werden lassen und unsere Interessen fördern.« Noch war die Asche nicht erkaltet, schrieb Careys Mitarbeiter Marshman, dass das Unglück »ein neues Blatt auf den Wegen der Vorsehung bedeute, damit sie sich im Glauben an ihn, dessen Wort feststeht wie ein Himmelspfeiler, festhielten, dass allen, die Gott lieben, alle Dinge zum Besten dienen. Darum sei stark in dem Herrn! Er wird das Werk seiner Hände nie im Stich lassen.«

Inmitten dieser trostlosen Lage blieben die Herzen dieser Diener Gottes friedevoll, weil sie an dieser Wahrheit festhielten. »Es führte mich in ein ruhiges Einwilligen in seinen Willen hinein, das mich zum Aufsehen und bereiten Annehmen seines Willens befähigte«, schrieb Marshman. Carey erzählt, wie er Ruhe fand durch den Vers: »Sei still, und erkenne, dass ich Gott bin!«

Ward, den dritten dieses berühmten Trios, fand man nicht nur ergeben in den Willen Gottes, sondern voll tiefer Freude, während doch ringsum das Feuer wütete.

Wie konnte dieses Unglück zum Besten dienen? Es dauerte nicht lange, da wurde die göttliche Strategie offenbar. »Die Katastrophe öffnete die Ohren der britischen Christenheit. In der Feuersbrunst erkannte sie die Größe des Unternehmens, es traten die Tatsachen klar zu Tage. So erwies sich die Vernichtung als ein Leuchtfeuer, das die Schar der eifrigen Missionsfreunde vervielfältigte.« So laut erscholl ihr Ruhm, dass ihr Unternehmen in Gefahr stand, umgestoßen zu werden. »Das Feuer hat eurer Arbeit eine unvergleichliche Berühmtheit gebracht«, schrieb Füller in einem seiner treuen Warnbriefe. »Die Öffentlichkeit spart nicht mit ihrem Lob. Achthundert Guineas wurden für Carey allein gespendet. Atmen wir diesen Weihrauch ein, müssen wir dann nicht damit rechnen, dass Gott uns seinen Segen entzieht? Wie erginge es uns aber dann?«

Was ist denn das Beste, an das Paulus denkt? Die Antwort finden wir im Text. »Welche er verordnet hat, die hat er auch berufen; welche er aber berufen hat, die hat er auch gerecht gemacht; welche er aber hat gerecht gemacht, die hat er auch herrlich gemacht.« (Röm. 8,29) Paulus fasst dies so auf, dass alles, was ihn Christus ähnlicher macht, gut sei ohne Rücksichtnahme auf seine Behaglichkeit, Gesundheit, seinen Erfolg oder seine Freude. Christusähnlichkeit wird kaum erreicht werden inmitten materieller Bequemlichkeiten. Viele der Christus ähnlichsten Gläubigen wurden durch Krankheit geprüft. Erfolg im Geschäft hat der Heiligkeit vieler den Todesstoß versetzt. Das Streben nach Vergnügen bringt viele zu Fall.

Gottes Plan ist aktiv

»Alle Dinge dienen zum Besten.« Das Herz, das Gott liebt, sieht ihn an der Arbeit, sogar in den schwersten und unwillkommensten Geschehnissen des Lebens. Alle Dinge dienen zum Besten, weil Gott darin tätig ist, einen Fluch in Segen und ein Unglück in Triumph umzuwandeln.

Sein Wirken ist nicht immer klar erkennbar. Es scheint manchmal, als wirke er überhaupt nicht. Als Carlyle über die Rätsel des Lebens nachsann, sagte er in seiner Herzensqual: »Das Schlimmste bei Gott ist sein Nichthandeln.« Doch ist Gott oft am aktivsten, wenn alles ruhig scheint. Gottes Wirken in der Natur ist unsichtbar und doch wirksam. Unter seiner unsichtbaren Leitung nehmen die Sterne ihren ihnen zugewiesenen Lauf. Der ruhelose Ozean bleibt in seinen festgelegten Grenzen. Nie sollten wir in Ungeduld über die scheinbare Untätigkeit Gottes die Dinge in unsere Hand nehmen und versuchen, unsere eigene Vorsehung zu spielen.

Die täglichen Geschehnisse, ob traurig oder erfreulich, sind das Rohmaterial, mit dem Gott den Lebensplan webt.

Nehmen wir Gott in den Alltag hinein, dann erleben wir, wie sich das Chaos in Ordnung verwandelt. »Er ist zu gütig, um hartherzig zu handeln; er ist zu weise, um Fehler zu begehen. Es gibt keinen Umstand, der Gottes Plan über unserem Leben begünstigen oder ›sein Bestes‹ für uns fördern könnte.«

Gottes Plan ist umfassend

»*Alle* Dinge dienen zum Besten.« »Alle Dinge« meint wirklich alles. Jedes Gebiet steht unter der heilsamen Übersicht Gottes. Der ganze Umfang dieser Aussage nimmt uns beinahe den Atem. Leid um einen geliebten Menschen, Krankheit, Enttäuschung, vereitelte Hoffnungen, schwache Nerven, Sorgen um ungeratene Kinder, Fruchtlosigkeit im Dienst trotz ernsten Bemühungen, die Bedingungen zur Fruchtbarkeit zu erfüllen — bestimmt dienen alle diese Dinge nicht zum Besten. Paulus versichert uns aber, dass es so ist. Wir mögen willig zugeben, dass das Leben mit allem, was damit zusammenhängt, Gegenstand der bestimmenden Vorsehung Gottes ist, aber es fällt uns schwer zu glauben, dass der Herr sich liebend für jede Einzelheit in unserem Leben interessiert. Und doch versichert er uns, dass es so ist. Kein Spatz fällt vom Dach ohne des Vaters Wissen. Die Umstände im Leben der Gläubigen sind von Gott bestimmt. Es gibt keinen Zufall. Die Liebe weigert sich zu glauben, Gott sei nicht interessiert an den Einzelheiten unseres Lebens. Alles ist zugelassen und für seine weisen Zwecke von ihm bestimmt. Keinen Augenblick lässt er uns ohne seine Überwachung. Jede unerfreuliche Erfahrung, wenn sie in der rechten Weise angenommen wird, kann ihr Teil Gutes in sich tragen. Körperliche Schmerzen und Schwachheit bringen uns unsere Ohnmacht zum Bewusstsein. Verwirrung oder Verlegenheiten offenbaren unseren Mangel an Weisheit. Finanzielle Schwierigkeiten weisen auf die Beschränktheit unserer Ersparnisse hin. Fehler und Niederlagen demütigen unseren Hochmut. Alle diese Dinge mögen eingeschlossen sein in dem Begriff »das Beste«.

Gottes Plan ist harmonisch

»Alle Dinge *wirken zusammen* (nach der engl. Übersetzung) zum Besten.« Sie wirken so zusammen, dass sie in die vorbestimmte Form hineinpassen. Die Ereignisse des Lebens sind nicht ohne Beziehung zueinander. Die Verordnung des Arztes ist zusammengesetzt aus verschiedenen Medikamenten. Nähme man diese gesondert, so würden einige davon als Gift wirken und nur Schaden anrichten. Doch in der Zusammensetzung unter der Leitung eines geschickten und erfahrenen Arztes bewirken sie nur Gutes. Bardey übersetzt dieses biblische Wort folgendermaßen: »Wir wissen, dass Gott alle Dinge allen denen zum Besten zusammensetzt, die ihn lieben.« Betrachtet man die Ereignisse des Lebens gesondert, so scheinen sie alles andere als gut zu sein, doch im Zusammenhang gesehen ist das Resultat immer gut.

In widrigen Verhältnissen fragt der Unglaube: Wie kann dieses zum Besten dienen? Die Antwort lautet: Warte nur, bis der große Arzt die Verordnung fertig geschrieben hat! Wer könnte nicht im Rückblick auf sein Leben erkennen, wie Dinge, die unheilvoll schienen, sich zuletzt als verhüllte Segnungen erwiesen? Der Künstler mischt die Farben so, dass sie dem ungeübten Auge mit der Vorlage unvereinbar scheinen. Doch warte, bis er die Mischung beendigt hat!

Das Leben wurde schon verglichen mit einer sorgfältig auf einem Rahmen gearbeiteten Stickerei. Für die Schönheit des Musters ist es von größter Wichtigkeit, dass die Farben verschieden sind. Die einen müssen leuchtend und prächtig, die andern dunkel und düster sein. Erst wenn sie zusammen verarbeitet werden, trägt jede Farbe zur Schönheit des Musters bei.

Während wir dieser Wahrheit im Allgemeinen zustimmen, stehen wir doch in Gefahr, unsere gegenwärtigen Verhältnisse in Zeiten schwerer Prüfungen als einen Ausnahmefall zu betrachten. Wäre dem so, dann hätte unser Text keine Bedeutung, und die Wahrheit der bestimmenden Vorsehung Gottes in menschlichen Angelegenheiten wäre bedeutungslos. Als ein Unheil nach dem andern über Joseph hereinbrach—Verbannung aus seinem Vaterhaus, als Sklave verkauft, ungerechte Gefängnisstrafe — war es für ihn schwer, in diesen Geschehnissen zu erkennen, dass sie zu seinem Besten zusammenwirkten. Und doch sagte er im Rückblick darauf zu seinen Brüdern: »Ihr gedachtet es böse mit mir zu machen; aber Gott gedachte es gut zu machen.« (1. Mose 50,20)

In den Geschehnissen des Lebens hat Gott ein Ziel im Auge, das seiner wert ist, und dieses Ziel wird unsere volle Zustimmung haben, wenn wir nicht mehr nur Einzelheiten sehen. Auch wenn wir dem Zorn der Menschen oder des Teufels ausgesetzt sind, können wir vertrauensvoll in der Gewissheit ruhen, dass alles doch zum Preise Gottes dienen muss und alles, was nicht dazu dient, von uns fern gehalten wird.

Kapitel 2

Gotteserkenntnis offenbart dein sündiges Wesen

»Er aber sprach: So lass mich deine Herrlichkeit sehen!«
(2. Mose 33,18)

Lesetext: 2. Mose 33,11-23

Dieses Gebet Moses hat sein Echo durch alle Jahrhunderte hindurch gefunden. Die Gläubigen späterer Generationen haben manchmal um eine Schau Gottes gebetet, ohne sich der eingeschlossenen tieferen Bedeutung einer solchen Bitte bewusst zu sein. John Newton, der bekehrte Sklavenhändler, verlangte leidenschaftlich nach der umwandelnden Schau; da wurde sein anhaltendes Flehen auf eine Art und Weise erhört, die ihn beinahe überwältigte. Er hat dieses Erlebnis in Gedichtform weitergegeben:

Ich bat den Herrn, ich möge wachsen,
in jeder Gnade, in Liebe und im Glauben,
mög' mehr von seinem Heil versteh'n
und mit mehr Ernst sein Antlitz suchen.
Er führte mich in dies Gebet
und er — ich weiß — hat's auch erhört;
doch tat er es auf eine Art,
die mich beinahe hat zerstört.
Ich dacht', zur festgesetzten Stund,
er plötzlich meiner Bitte würd' gewähren,
in seiner großen Liebe Kraft,
von meinem sünd'gen Wesen mich erheben.
Doch nein — er ließ mich tief hinab,
die tiefe Bosheit meines Herzens zu empfinden;

er bot die Höllenkräfte auf,
um meine Seele gründlich zu zerschinden.
Nein, mehr als das, mit eig'ner Hand
schien er mein Leid noch zu verschlimmern,
durchkreuzte meinen feinen Plan,
und ließ am Boden mich verkümmern.
»Herr, warum das?«, schrie zitternd ich.
»Willst du mich, Wurm, zu Tode hetzen?«
»Das ist mein Weg«, erwiderte der Herr,
dein Fleh'n nach Gnad' und Liebe zu erhör'n!«
»Die Seelenfolter brauche ich,
um dich von deiner Selbst und Sünde zu befreien.
Ich durchkreuze deine irdische Freuden,
damit du nur in mir dein Alles findest.«

Was erwarten wir, wenn wir um eine Schau Gottes beten? Eine leuchtende Vision in den Wolken? Einen blendenden Strahl der Herrlichkeit, wie Saulus von Tarsus es erlebte? Ein aufregendes, überwältigendes Gefühl geistlicher Verzückung? Eine Studie der Visionen von Gott vermittelt ein ganz anderes Bild. In keinem Fall bedeutete eine solche Schau sogleich Begeisterung und Ekstase. Sie führte jeden, dem sie geschenkt wurde, unweigerlich in tiefe Selbsterniedrigung hinein. Jedes Mal brachte das Erlebnis Erschrecken und nicht Ekstase. Und je klarer die Schau war, desto tiefer beugte sie den Menschen in den Staub vor Gott.

Wenn dem so ist, dann sollten wir auf bestimmte Folgen vorbereitet sein, ehe wir Gott um eine Schau seiner selbst bitten. Im blendenden Weiß des Schnees erscheint das sauberste Leinen beschmutzt. Angesichts der fleckenlosen Reinheit und Heiligkeit Gottes sieht alles Irdische befleckt und unrein aus. Im Lichte der Gegenwart Gottes erschien Josua, der heilige Hohepriester, mit »unreinen Kleidern« (Sach. 3,3), und damit konnte er Gott nicht dienen. Wir haben nirgends einen Anlass, eine Ausnahme von dieser Regel zu erwarten.

Wenn wir fragen, in welcher Form die Vision geschenkt werde, lässt Gott uns nicht im Zweifel darüber. »Denn Gott, der da hieß das Licht aus der Finsternis hervorleuchten, hat einen hellen Schein in unsere Herzen gegeben, dass durch uns entstünde die Erleuchtung von der Erkenntnis der Klarheit Gottes im Angesichte Jesu Christi« (2. Kor. 4,6). Auf der Leinwand der Heiligen Schrift hat der Heilige Geist mit Meisterstrichen und in glänzenden Farben das Bild des unsichtbaren Gottes gemalt. Und derselbe Geist erleuchtet dieses Bild für den, der sich danach sehnt, seine Herrlichkeit zu sehen. Er kennt keine größere Freude, als durch alles, was uns in der Bibel von Christus berichtet ist, die Herrlichkeit Gottes zu offenbaren.

Obgleich Hiob, von dem angenommen wird, dass er ein Zeitgenosse Abrahams war, in einem geistlichen Zwielicht lebte, hatte er ein erstaunliches Verständnis für Gott und einen hohen Lebensstandard. Sein Charakter war fehlerlos in seinen eigenen Augen. Überzeugt von seiner eigenen Rechtschaffenheit, behauptete er: »Ich bin rein, ohne Missetat, unschuldig, ich habe keine Sünde.« (Hiob 33,9) Dies war keine fromme Redensart, sondern der Ausdruck tiefster Überzeugung von seiner inneren Rechtschaffenheit. Nicht nur nach seiner Überzeugung war sein Charakter fleckenlos, er war es auch in den Augen Gottes. Als Gott Satan anredete, fragte er ihn: »Hast du nicht Acht gehabt auf meinen Knecht Hiob? Denn es ist seinesgleichen nicht im Lande, schlecht und recht, gottesfürchtig und meidet das Böse.« (Hiob 1,8) Nur wenige Menschen haben in einem solchen Grade die Anerkennung Gottes erfahren dürfen.

Hiob war einer der wenigen, von denen Gott sagte, sie seien »vollkommen«, womit er ihre Makellosigkeit und Rechtschaffenheit zugab. Wie erging es diesem vollkommenen Mann, als ihm die Gottesschau in der Krise seiner zunehmenden Leiden geschenkt ward? Er berichtet darüber in einigen bedeutungsvollen Worten: »Ich hatte von dir mit den Ohren gehört, aber nun hat mein Auge dich gesehen. Darum spreche ich mich schuldig und tue Buße in Staub und Asche.« (Hiob 42,5.6)

Wie wirkte die Schau Gottes auf Jakob? Er fühlte sich gezwungen, seinen Namen Jakob in Bezeichnungen wie »Verdränger, Betrüger, Lügner« auszusprechen. Damit offenbarte er seinen ehrlosen Charakter. Ehe er für den Segen bereit war, den Gott ihm schenken wollte, musste er sich zu seiner wahren Natur bekennen. Bis zu seinem Tode trug er die Zeichen dieser Begegnung an sich. Zuerst musste der Mann, dem es gelungen war, alle andern zu hintergehen, seine eigene verborgene Schande zugeben.

Mose durfte sich einer großen Umgebung rühmen. Er erfreute sich des Ansehens, ein Sohn der Tochter Pharaos geheißen zu werden. Sein glühender Patriotismus verführte dazu, in fleischlicher Ungeduld die Erlösung des israelitischen Volkes herbeiführen zu wollen. Er wollte nicht warten, bis Gott seinen Plan entfaltet. Er griff Gott vor und musste sich deshalb vor des Königs Zorn verstecken. In der Wüste verwandelte sich sein ungestümes Wesen in tatenlose Ergebung, bis er von der göttlichen Schau gefesselt wurde. »Und der Engel des Herrn erschien ihm in einer feurigen Flamme aus dem Busch. Und er sah, dass der Busch mit Feuer brannte und ward doch nicht verzehrt. ... Gott sprach: Tritt nicht herzu, ziehe deine Schuhe aus von deinen Füßen, denn der Ort, darauf du stehst, ist ein heilig Land... Und Mose verhüllte sein Angesicht; denn er fürchtete sich, Gott anzuschauen.« (2. Mose 3, 2-6) In dem Menschen, dem die Erlösung des auserwählten Gottesvolkes anvertraut werden sollte, bewirkte die Gottesschau eine ehrfurchtsvolle Scheu und ein Verhüllen seines Angesichts.

Elia wurde als der größte und bedeutsamste Charakter bezeichnet, den Israel je hervorbrachte. Er wurde im Karmeldrama plötzlich auf die Geschichtsbühne geschleudert. Und was für ein Mann war er! So groß war seine Macht mit Gott, dass er die Himmel nach seinem Willen verschließen konnte. So wenig fürchtete er sich vor Menschen, dass er dem König und sogar dem ganzen Volk Trotz bot. Mit Henoch durfte er sich der Würde erfreuen, in den Himmel einzugehen, ohne durch die Todespforte hindurch zu müssen. Wie aber überlebt dieser unerschrockene, so kühne und doch armselige Mensch die Gottesschau? »Und siehe, der Herr ging vorüber und ein großer, starker Wind, der die Berge zerriss... Nach dem Winde aber kam ein Erdbeben... Und nach dem Erdbeben kam ein Feuer; aber der Herr war nicht im Feuer. Und nach dem Feuer kam ein stilles, sanftes Sausen. Da das Elia hörte, verhüllte er sein Antlitz mit seinem Mantel.« (1. Kön. 19,11-13) Er vermochte trotzig und ungeduldig zu sein angesichts einer majestätischen Offenbarung der Macht Gottes; doch war er fügsam und verhüllte sein Angesicht, wenn er Gottes leise Stimme hörte.

Jesaja, der Seher, der die klarste Vorschau der Evangeliumswahrheit erlebte, kannte kein Minderwertigkeitsgefühl. In seinen Botschaften an die Nation war hohe Prophetie mit scharfer Anklage vermischt. Er fühlte sich absolut zuständig, das Gericht auf seine Zeitgenossen herabzubitten, bis er dann die Gottesoffenbarung schaute. »In dem Jahr, als der König Usija starb, sah ich den Herrn sitzen auf einem hohen und erhabenen Thron, und sein Saum füllte den Tempel. Serafim standen über ihm; ein jeder hatte sechs Flügel: mit zweien deckten sie ihr Antlitz, mit zweien deckten sie ihre Füße, und mit zweien flogen sie. Und einer rief zum andern und sprach: Heilig, heilig, heilig ist der HERR Zebaoth, alle Lande sind seiner Ehre voll! Und die Schwellen bebten von der Stimme ihres Rufens, und das Haus ward voll Rauch.« (Jes. 6,1-4) Wem galt das nächste Wehe nach dieser klaren Schau? »Da sprach ich: Weh mir, ich vergehe! Denn ich bin unreiner Lippen ... denn ich habe den König, den HERRN Zebaoth, gesehen mit meinen Augen.« (Jes. 6,5) Die Lippen, die die göttliche Botschaft vermittelten, waren unrein im Lichte der Heiligkeit Gottes.

Die Gottesschau wurde dem Hesekiel während seiner Gefangenschaft in Babylon mit seinem geplagten Volk geschenkt. »Da ich war unter den Gefangenen am Wasser Chebar, tat sich der Himmel auf, und Gott zeigte mir Gesichte.« (Hes. 1,1) Offenbarungen von Gottes Majestät und Allgegenwart, seines dauernden Wirkens und seines im Regenbogen leuchtenden Thrones! »Und über der Feste, die über ihrem Haupt war, sah es aus wie ein Saphir, einem Thron gleich, und auf dem Thron saß einer, der aussah wie ein Mensch. Und ich sah, und es war wie blinkendes Kupfer aufwärts von dem, was aussah wie seine Hüften; und abwärts von dem, was wie seine Hüften aussah, erblickte ich etwas wie Feuer und Glanz ringsumher. Wie der Regenbogen steht in den Wolken, wenn es geregnet hat, so glänzte es ringsumher. So war die Herrlichkeit des Herrn anzusehen. Und als ich sie gesehen hatte, fiel ich auf mein Angesicht...« (Hes. 1,26-28) Der furchtlose und treue Seher kann das erhabene Licht des Thrones, auf dem der Gott der Herrlichkeit sitzt, nicht ertragen.

Unter den heiligen Männern der Bibel steht Daniel an erster Stelle. Er hatte seinen Posten als erster Minister während der Regierungszeit von fünf aufeinanderfolgenden orientalischen Despoten mit Würde versehen. Dass sein Haupt auf seinen Schultern blieb, war einzig seiner Weisheit und Lauterkeit zuzuschreiben. Seine Feinde konnten keinen Fehler an ihm finden, außer seinem vielen Beten. Von Daniel allein wird berichtet, dass ein Engelsbotschafter zu ihm gesandt wurde, der ihm sagen musste, wie sehr ihn Gott liebe. Überstand er diese beseligende Schau unbeschadet? Hier sein Bekenntnis: »Ich, Daniel, aber sah solch Gesicht allein ... und ich blieb allein und sah dies große Gesicht. Es blieb aber keine Kraft in mir, und ich ward entstellt und hatte keine Kraft mehr... Und ich hörte seine Rede, und indem ich sie hörte, sank ich ohnmächtig auf mein Angesicht zur Erde.« (Dan. 10,7-9) Als Daniel, einer der tadellosesten Heiligen, die göttliche Herrlichkeit schaute, erkannte er seine völlige Verderbtheit und fiel zur Erde.

Inmitten eines Erlebnisses vernichtender Selbsterkenntnis schrieb ein junger Mann: »Hätte ich gedacht, dass meine Ehrlichkeit, die ich als meine höchste Tugend wertete, sich als Trug erweisen würde, hätte ich nicht weitergehen können. Aber ich möchte weiterkommen. Die Lehre ist einfach: Ich kann mir selbst absolut nicht trauen. Bin ich am frömmsten, dann nähre ich in mir unter Umständen den verwerflichsten Hochmut. Ich glaube, es ist besser, der eigenen Bosheit ins Auge zu schauen und zu sagen: Sie ist ungeheuerlich.«

Nach einer Nacht fruchtlosen Fischens wurde Petrus die Offenbarung geschenkt. Der Gehorsam auf Gottes Gebot brachte ihm einen solchen Fang ein, dass das Netz zerriss. Angesichts dieses Wunders erkannte Petrus, dass Christus entweder allwissend sein musste und ihn deshalb zu dem Fischschwarm führen konnte oder allmächtig, weil er die Fische ihm entgegenschickte. Als er einen kurzen Blick in die Herrlichkeit Gottes im Angesichte Jesu Christi tat, war er überwältigt von seiner eigenen Verderbtheit und Wertlosigkeit. »Da das Simon Petrus sah, fiel er Jesus zu den Knien und sprach: Herr, gehe von mir hinaus, ich bin ein sündiger Mensch.« (Luk. 5, 8) Das war ausgerechnet das, was er nicht wollte. Doch als der Mann, den Gott dazu gebrauchen wollte, das Königreich den Juden und Heiden nahe zu bringen, Gott schaute, wusste er nicht, wohin er sich wenden solle, um der Gegenwart des Herrn zu entgehen.

Saulus von Tarsus, der erfüllt war von einem falschen Eifer für Gott und der Gier nach dem Blut der verhassten Christen, befand sich auf dem Weg nach Damaskus. Er war stolz darauf, dass er ein Hebräer war, und brüstete sich über seinen Eifer im Dienst für Gott. »Da umleuchtete ihn plötzlich ein Licht vom Himmel, und er fiel auf die Erde und hörte eine Stimme, die zu ihm sprach: Saul, Saul, was verfolgst du mich? Er aber sprach: Herr, wer bist du? Der Herr sprach: Ich bin Jesus... .« (Apg. 9, 3-5) Die Herrlichkeit Gottes, die sich auf dem Angesicht Jesu Christi widerstrahlte, warf den Mann zur Erde, der vielleicht der Rechtfertigung durch Werke näher kam als jeder andere.

Johannes, der Geliebte, war zweifellos der sanfteste und reifste Heilige seiner Tage. Er war der Gegenstand der besonderen Liebe Christi, nicht weil Jesus ihn den anderen Jüngern vorzog, sondern weil Johannes dessen Liebe für sich annahm. Er allein blieb Jesus treu im Richthaus. Die Überlieferung berichtet immer wieder von dem besonderen Reiz seiner Persönlichkeit und der Aufrichtigkeit seiner Hingabe an Christus. In der Reife seines Alters wurde ihm die weiteste Schau Christi geschenkt. »... ich sah einen, der war eines Menschen Sohne gleich... Sein Haupt aber und sein Haar war weiß wie weiße Wolle ... seine Augen wie eine Feuerflamme ... seine Stimme wie großes Wasserrauschen ... und sein Angesicht leuchtete wie die helle Sonne.« (Offb. 1,13-17) Wenn je ein Mensch befähigt gewesen wäre, Gott zu schauen, ohne zu Boden geschmettert zu werden, so war es dieser Mann, der verschiedentlich sein Haupt an die Brust der menschgewordenen Gottheit legen durfte. Doch nein! Johannes schrieb: »Ich fiel zu seinen Füßen wie ein Toter.« Der sanfteste und gütigste Heilige fällt in Gegenwart der erhabenen Majestät und Heiligkeit Gottes wie leblos zur Erde.

Alle Visionen sind in ihrer Art übereinstimmend. Zuerst die Schau, dann Selbstverachtung, Selbsterniedrigung, Abwenden des Antlitzes, ein Gefühl von Unreinheit, Blindheit, Hinfallen; Tugend verändert sich in Verderbtheit, Selbstgericht, wie tot zur Erde fallen. Haben Sie immer noch das Verlangen, um eine Gottesschau zu beten?

Es gibt aber noch eine andere Seite des Bildes. Gott hat keine Freude, seine Kinder im Staube liegen zu sehen. Er erniedrigt und demütigt sie nur, um sie zu seiner Zeit zu erhöhen. Demütigung ist nicht das Letzte. Sie bereitet nur den Weg zum Segen. Die klare Lehre dieser Visionen ist bestimmt die, dass Gott keinem Menschen irgendeinen tiefen Segen oder eine wichtige geistliche Aufgabe anvertrauen kann, ehe dieser sich nicht vollkommen aufgegeben hat.

Dem Zerbruch von Hiobs Selbstgerechtigkeit folgte sogleich die Verleihung des Zweifachen seines Verlustes und die Verwandlung seiner Gefangenschaft durch die Fürbitte seiner Freunde. Jakobs Schau veränderte seinen Charakter. Dadurch war ihm neue Vollmacht mit Gott und den Menschen geschenkt. Der zu verurteilende fleischliche Eifer eines Mose auf der einen und seine Teilnahmslosigkeit mit daraus folgendem Verlust seines

Selbstvertrauens auf der andern Seite bereitete ihn zu für die enorme Aufgabe der Errettung des Volkes Gottes. Nach der Niederlage Elias ermunterte Gott diesen Knecht dadurch, dass er ihm weitere Aufgaben anvertraute. Jesajas Lippen wurden nicht nur gereinigt und die Ungerechtigkeit von ihm genommen, sondern er bekam einen noch größeren Auftrag. In Daniel verwandelte sich das Gefühl des Verführtseins in ein Bewusstsein des Vorrechts, der Gegenstand göttlicher Offenbarung zu sein, in Freude. Des Petrus tiefes Wissen um die eigene Unwürdigkeit war ein wichtiges Element in seiner Zubereitung zum geistesmächtigen Redner am Pfingstfest. Die Gottesschau bevollmächtigte Paulus als ein auserwähltes Rüstzeug, den Namen Gottes vor Königen und Heiden zu bekennen. Der Gott, der Johannes wieder auf die Füße brachte, übertrug ihm das Schreiben der Offenbarung, des Buches, das durch zwei Zeitalter hindurch die verfolgte Gemeinde zur Treue befähigte. Jede Schau Gottes war die Einleitung zu persönlicher Heiligung und erweiterter Dienstmöglichkeit.

Es ist wahr, dass die Schau Gottes unweigerlich in die Selbsterkenntnis hineinführt, doch ist das Ziel immer ein Segen. Gottes Endziel mit uns ist nicht die Demütigung. Wir brauchen keine Angst zu haben, Gott plane unseren Untergang, sondern »das Ende unseres Ichs ist der Anfang Gottes«. Wir dürfen uns wirklich über eine Schau Gottes freuen, wenn unser tiefstes Verlangen dahin geht, in der Heiligung voranzukommen und dem Herrn brauchbarer zu werden. Wir dürfen Gott schauen, wenn wir aufrichtig danach verlangen, wenn wir alles willig annehmen, was eine solche Schau zur Folge hat. Und wenn sie uns geschenkt wird, brauchen wir uns nicht mehr in Selbstverachtung im Staube zu verkriechen. Wenn wir aufrichtig Buße tun über alles Unrecht, das wir im Lichte der Gegenwart Gottes erkennen, werden auch wir die Worte vernehmen, die zu Jesaja gesagt wurden: »Siehe, hiermit sind deine Lippen gerührt, dass deine Missetat von dir genommen werde und deine Sünde versöhnt sei.... Gehe hin und sprich zu diesem Volk ...« (Jes. 6, 7.9)

Kapitel 3

Gottes Ausdauer gibt dich niemals auf

*»Der Gott Jakobs.« (Ps. 46,8) — »Du Wurm Jakob.« (Jes.
41,14)*

Lesetext: 1. Mose 32

Kein Titel Gottes verwundert mehr als: »Der Gott Jakobs«. Keine anderen Charaktere scheinen weniger zusammenzupassen als Gott und Jakob. Doch keine anderen Worte illustrieren anschaulicher die endlose Ausdauer Gottes.

Der Lehre über die Beharrlichkeit der Heiligen wurde in der calvinistischen Theologie immer besondere Wichtigkeit zugemessen, doch ihr ergänzendes Gegenstück hat nicht immer den gleichen Anklang gefunden. Beharrlichkeit der Heiligen ist nur möglich durch die Beharrlichkeit Gottes. Ohne diese stünde heute keiner von uns im christlichen Glaubenslauf. Paulus hatte ein großartiges Vertrauen in die göttliche Ausdauer gesetzt. »Und bin desselben in guter Zuversicht, dass, der in euch angefangen hat das gute Werk, wird's auch vollführen bis an den Tag Jesu Christi.« (Phil. 1,6) Er lenkt unsere Augen von der menschlichen Kleinheit und Armseligkeit auf die Macht und Majestät Gottes hin. Er hebt uns aus unserem eigenen begrenzten Kreis hinaus in die mächtige Flut des göttlichen, unfehlbaren Planes hinein.

Unser Gott kennt keinen unvollendeten Auftrag. Er vollendet, was er beginnt. Obgleich Israel Gott beständig auswich und tat, was ihm nicht gefiel, beharrte er auf seinen gnädigen Wegen zur Erziehung, bis seine Ziele erkannt wurden und durch das hebräische Volk alle Völker der Erde gesegnet würden. Wenn eine Annäherungsweise misslang, wandte er eine andere an.

Ging eine Generation nicht darauf ein, so begann er damit geduldig bei der nächsten. Immer wieder verfielen aufeinanderfolgende Generationen der Israeliten dem Götzendienst, bis sie in der Züchtigung ihrer endlichen Gefangenschaft in Babylon ihre Torheit und Nichtigkeit erkannten. Seitdem hat das Judenvolk nie mehr Götzen angebetet.

Die Ausdauer unseres Herrn Jesus war eine der einzigartigen Eigenschaften seines Wesens. Von ihm wurde prophezeit: »Er wird nicht matt werden noch verzagen, bis dass er auf Erden das Recht aufrichte...« (Jes. 42, 4) Und er wurde nicht matt und verzagte nicht. Seine geliebten Jünger, auf die er seine Hoffnung gesetzt, versagten. Bis zuletzt überwogen Schwachheit und selbstsüchtiger Ehrgeiz ihre Liebe zu ihm. In der Stunde seiner größten Not verließen ihn alle und flohen. Es war kein Feind, sondern einer seiner Vertrauten, der ihn in die Hände seiner bitteren Feinde verkaufte. Aber in diesem allem versagte er nie und war nie entmutigt. Ausgerechnet durch diese Männer erreichte er sein Ziel. Er vertraute unerschütterlich darauf, dass sein Vater, der das gute Werk begonnen, dieses auch vollenden werde und nichts diese Vollendung aufhalten könne. Auch wir dürfen diese Überzeugung teilen. Wir dürfen unserem Gott vertrauen, der seinem Werk zur Vollendung helfen wird.

Der Gott Jakobs

In der Heiligen Schrift findet sich keine deutlichere Illustration dieser Wahrheit, als Gottes Mühe um Jakob. Ihren Höhepunkt erreicht sie in der widerspruchsvollen Bezeichnung »Der Gott Jakobs«. Der Gott Abrahams, des Vaters der Getreuen? Ja! Der Gott Moses, der mit Gott von Angesicht zu Angesicht wie ein Mensch zu seinem Freunde redet? Ja! Der Gott Daniels, des Geliebten? Ja! Der Gott Jakobs, des Falschen, des Habsüchtigen, des Verräters, des Lügners? Tausendmal nein! Gott würde seinen eigenen Charakter verleugnen, verbände er seinen Namen mit dem des Jakob. Aber er sagt: »Jakob habe ich geliebt.« »Der Gott

Jakobs ist deine Zuflucht.« »Fürchte dich nicht, du Wurm Jakob!« Was wäre schwächer und wertloser als ein Wurm? Und doch wurde der Wurm Jakob, der Wertlose, das Objekt der hartnäckigen Liebe Gottes, ein Prinz, dem über Menschen Macht gegeben war.

Die Souveränität seiner Auswahl

Hätten wir nach einem Mann gesucht, der als Führer einer ganzen Nation einen hohen und heiligen Auftrag erfüllen konnte und in dem alle Nationen gesegnet werden sollten, wäre Jakob wohl als Letzter ausgewählt worden. Esau, der Großmütige, Esau, der Weitherzige, hätte weiter vorn in der Liste gestanden. Wer außer Gott würde einen verachtungswürdigen Charakter wie den eines Jakob auserwählt haben? Es gibt wenig Anziehendes an diesem habgierigen, herrschsüchtigen, ränkevollen Menschen — so gemein, dass er sich seines Bruders Not bediente, um ihn nicht nur seines irdischen Erbes, sondern auch seiner geistlichen Autorität zu berauben. Denn Esau hätte das geistliche Haupt seines Geschlechts nach des Vaters Tode werden sollen.

Um Jakob Gerechtigkeit widerfahren zu lassen, sollte darauf geachtet werden, dass seine Eltern wenig charakterlichen Edelmut zeigten. »Isaak hatte Esau lieb und aß gern von seinem Weidwerk« — ein zuchtloser Vater, der sich durch Gelüste bestimmen ließ. Rebekka liebte Jakob mit einer nachsichtigen und verderblichen Liebe. Sie hetzte ihn auf, unterstützte und ermutigte ihn in seinem Verrat — eine gewissenlose, durch einen unheiligen Ehrgeiz für ihren Lieblingssohn bestimmte Mutter. Esau verachtete das Geistliche und verzichtete leichtfertig auf seine geistlichen Vorrechte. Jakob war falsch und gemein, bereit, sogar seinen Zwillingsbruder auszubeuten. Solcherart war die Familie, die Gott zur Darstellung seiner Liebe auswählte.

Jakob hatte charakterlich manches geerbt; doch Gott lässt sich durch Vererbung nicht einschränken. Als die Jünger Jesus über den Blindgeborenen befragten: »Meister, wer hat gesündigt:

dieser oder seine Eltern?«, antwortete Jesus: »Es hat weder dieser gesündigt noch seine Eltern, sondern dass die Werke Gottes offenbar würden an ihm.« (Joh. 9,2-3) Hier findet sich der Schlüssel zu Gottes Auserwählung eines Jakob. Er wählte einen Wurm, um diesen in einen Prinzen umzuwandeln.

Der verdrehte Charakter Jakobs vermittelt einen erstaunlichen Hintergrund zur Darstellung von Gottes unvergleichlicher Gnade und für die Haltung gegenüber dem schwächsten seiner Kinder. Würde Gott nur die Starken, Edlen und Gescheiten zur Ausführung seines eigenen Planes erwählen, so wäre die große Mehrheit der Christen dazu untauglich. Des Paulus bekannte Darlegung könnte als eine Rechtfertigung Gottes in der Auswahl des Jakob gewertet werden. »Sehet an, liebe Brüder, eure Berufung! Nicht viel Weise nach dem Fleisch, nicht viel Gewaltige, nicht viel Edle sind berufen, sondern was töricht ist vor der Welt, das hat Gott erwählt, dass er die Weisen zuschanden mache. Und was schwach ist vor der Welt, das hat Gott erwählt, dass er zuschanden mache, was stark ist. Und das Unedle vor der Welt und das Verachtete hat Gott erwählt und das da nichts ist, dass er zunichte mache, was etwas ist, auf dass sich vor ihm kein Fleisch rühme.« (1. Kor. 1,26-29)

Es wird gewöhnlich nicht beachtet, dass Jakob kein Jüngling, sondern ein Mann von ungefähr siebzig Jahren war, als er Esaus Erstgeburtsrecht erlistete, auch dass er wahrscheinlich mehr als achtzig Jahre zählte, als er ihn seines Segens beraubte. Wohl lebte er 147 Jahre; doch stand er in seinem mittleren Alter, als er diese Ehrlosigkeiten beging. Er war kein unerfahrener Jüngling, sondern ein erwachsener Mann, dessen Wesen bereits ausgeprägt war, ein Mann, der wahrscheinlich sein halbes Leben lang in seiner verdrehten Art verharrte. Psychologen würden sagen, sein Charakter hätte sich in seinem fortgeschrittenen Alter nie ganz verändern können. Gott aber ist nicht gehindert durch Gesetze der Psychologie. Er verzweifelt nie an uns, auch wenn wir an uns selbst verzweifeln. Seine Geduld hat kein Ende. Seine Hilfsmittel sind nie erschöpft.

Die Tiefe seines Scharfsinns

Wir finden bei Gott eine Allwissenheit, die die verborgenen Möglichkeiten auch im verheißungslosesten Menschen kennt. Er hat ein scharfes Auge für verborgenen Edelmut und für Anlagen in einem wenig einnehmenden Wesen. Er ist der Gott des schwierigen Temperaments, der Gott der verdrehten Persönlichkeit, der Gott des Schädlings. Gott allein sah in Jakob den Fürsten. Er hat eine Lösung für jedes Problem der Persönlichkeit und des Temperaments. Wenn wir unser Leben zur wirksamen, gründlichen Bearbeitung in seine Hände legen, wird er all seinen Reichtum an Liebe und Gnade anwenden.

»... doch habe ich Jakob lieb und hasse Esau« (Mal. 1,2-3; Röm. 9,13) ist eines der erstaunlichsten Bekenntnisse der Schrift, denn es scheint, als messe es Gott Launenhaftigkeit zu. Zwei Tatsachen müssen beachtet werden. Erstens: Obgleich diese Sprache uns hart anmutet, liegt in dem Wort »hasse« nicht die Bedeutung, die wir heute diesem Worte geben. Zweitens: Die Auslegung des Maleachi und Paulus bezog sich vor allem auf Nationen — Israeliten und Edomiter, Nachkommen von Jakob und Esau. Gottes Erwählung des Jakob geschah nicht auf Grund des Verdienstes oder Charakters, wurden die zwei Brüder doch schon vor ihrer Geburt ausgewählt (1. Mose 25,23). Paulus bestätigt, Gott verfüge in der Ausübung seines überlegenen Willens, dass Glaube — nicht Vererbung oder Verdienst — das ewige Prinzip der Sohnschaft sei. In seiner nationalen Bedeutung sind »Liebe« und »Hass« nicht der Grund zur Erwählung, wie wir jene subjektiven Gefühle verstehen. Gott geht nicht willkürlich vor in seiner Auswahl und kann nicht der Bevorzugung bezichtigt werden. Die Gefühlsbegriffe deuten eher auf eine nationale Aufgabe und Bestimmung hin. Es wurde mit Juda und nicht mit Edom durch laufende Offenbarungen Geschichte gemacht.

Doch gibt es auch eine zweitrangige und persönliche Anwendung dieser Behauptung. Gottes Erwählung des Jakob und die Verstoßung Esaus waren nicht das Resultat einer Laune, sondern des Scharfsinns. Hinter der Gemeinheit und Zwiespältigkeit

Jakobs lagen Verlangen und Fähigkeit für das Geistliche verborgen. Immer wieder tat er diesem Gewalt an; doch war es vorhanden. Esau war großmütig und weitherzig; doch hinter diesem anziehenden Äußeren lauerte eine Verachtung allem Geistlichen gegenüber. Er war ein fleischlich gesinnter Mensch, der die Befriedigung seiner Gelüste der Ausübung eines geistlichen Dienstes vorzog.

Trotz aller seiner offensichtlichen Schwachheiten und seines Versagens schuf Jakob mit seinem Verlangen nach geistlichen Dingen die Grundlage für Gott zu seinem Planen und daraus folgendem Handeln. Für den Gläubigen, der unter dem Gefühl seines Versagens leidet, liegt in dieser Tatsache die größte Ermutigung. Es liegt in der menschlichen Natur, im Charakter unserer Mitmenschen immer das Schlechteste zu sehen; doch Gott sieht immer das Gute. Er erkennt klar das tiefste Verlangen unserer Herzen und wirkt auf dessen Erfüllung hin. Alle seine Züchtigungen sollen dieses Ziel erreichen. Jeder Fehler seines starrköpfigen Kindes, auch wenn es ihn immer neu begeht, verschafft ihm eine Gelegenheit zur Zurechtbringung.

Die Beharrlichkeit seiner Zielverfolgung

Der Name »Jakob« bedeutet Verdränger. Hinter dem Wort liegt die Idee eines entschlossenen und unnachgiebigen Strebers, der im Verfolgen eines Gegners diesen überrennt — die Biographie des Jakob in einem einzigen Wort ausgedrückt! Jakob stellte sich zum Kampfe und kapitulierte dann vor der entschiedenen und unnachgiebigen Zielverfolgung des liebenden Gottes, der ihn am Jabbok schlug. Hätte Gott seine Zweckverfolgung aufgegeben, so wäre aus Jakob nie ein Fürst Gottes geworden. Er würde ein unangenehmer und ungeliebter Ränkeschmied geblieben sein. Doch in seiner gnadenreichen Liebe folgte der Herr ihm nach dem ersten Zusammentreffen in Bethel unermüdlich bis zu seinem endlichen Sieg über ihn dreißig Jahre später am gleichen Ort. Die göttliche Zielverfolgung war durch vier Krisen gekennzeichnet.

Die erste Krise in Bethel zeigte sich, als Jakob den Erstgeburtssegen Esaus erlistete. Nachdem Esau seinen Hunger gestillt hatte, begann er, den tieferen Sinn des verabscheuungswürdigen Handelns seines Zwillingsbruders zu verstehen. Als er dessen Flucht gewahr wurde, setzte der erzürnte Esau mit der Verfolgung ein. Unterdessen erlebte Jakob sein erstes Zusammentreffen mit Gott. Während ihm zum Schlafen ein Stein als Kopfkissen diente, träumte ihm, »und siehe, eine Leiter stand auf der Erde, die rührte mit der Spitze an den Himmel, und siehe, die Engel Gottes stiegen daran auf und nieder«. Dann redete Gott mit ihm und gab ihm klare, obgleich vollkommen unverdiente Verheißungen des Wohlstandes und Schutzes mit der Zusicherung, dass alle Geschlechter auf Erden durch seinen Samen gesegnet sein sollten. Furchterfüllt antwortete Jakob: »Wie heilig ist diese Stätte! Hier ist nichts anderes als Gottes Haus... Und Jakob tat ein Gelübde« (1. Mose 28, 17-20) — und vergaß es! Doch Gott vergaß es nicht.

Dann folgte die Krise in Pniel. Jakob zählte nun mehr als hundert Jahre. Zwanzig Jahre hatte er seinem gewissenlosen Onkel Laban gedient. Es ist lehrreich, die Erziehungsweisen zu beachten, die Gott Jakob gegenüber anwandte, um sein Ziel zu erreichen. Er brachte ihn mit einem noch gemeineren, noch habgierigeren und noch verdrehteren Mann zusammen, als er selber war. Durch alle Jahre hindurch betrog Jakob seinen Onkel und wurde von diesem betrogen. Der Verdränger wurde verdrängt und der Betrüger betrogen. Doch diese strenge Züchtigung führte zu seiner völligen Verwandlung. Wenn bei einzelnen Menschen unerfreuliche Zustände in den Familien oder in der Arbeit herrschen, könnten sie nicht auch aus demselben Grunde zugelassen sein? Könnte es nicht auch sein, dass aus dem gleichen Grunde einzelne Missionare mit schwierigen Mitarbeitern zusammengestellt sind? Wir würden für uns immer angenehme Verhältnisse und uns sympathische Leute zum Zusammenleben und zur Zusammenarbeit wählen. Gott aber ist mehr an unserem geistlichen Wachstum gelegen als an unserem zeitlichen Wohlbehagen.

Es ist ermutigend zu sehen, dass Gott in all diesen Umständen mit Jakob war und ihn segnete. Gott erlaubte Laban nicht, ihm Schaden zuzufügen (1. Mose 31, 7. 24. 29). Zu Jakobs Ehre kann gesagt werden, dass er in der Prüfung nicht davonlief, bis Gottes Zeit kam. Wir grämen uns zu oft über unsere widrigen Verhältnisse und geben uns alle Mühe, diese zu umgehen; doch wird ein solches Verhalten für uns immer geistlichen Verlust bedeuten, denn wir weichen damit der göttlichen Züchtigung aus. Gott wird sie wegnehmen, sobald sie ihren bestimmten Zweck erfüllt hat. Unser Charakter wird geformt und bereichert durch die schwierigen Menschen in unserem Leben und die widrigen Lebensumstände.

Als Jakob sich auf dem Heimweg befand, erfuhr er, dass Esau sich aufgemacht hatte, ihm zu begegnen. Sofort nahm ihn die Furcht des schlechten Gewissens gefangen. Anstatt Gott anzurufen und sich auf dessen verheißenen Schutz zu verlassen (1. Mose 28, 15), wandte er fleischliche Schliche an und sandte seinem Bruder sorgfältig ausgedachte, reiche Geschenke entgegen, um ihn zu besänftigen. Doch führte Gott seinen Plan mit ihm unnachgiebig weiter. »Und Jakob blieb allein. Da rang ein Mann mit ihm, bis die Morgenröte anbrach.« (1. Mose 32, 25) Gott nahm selber das Ringen mit Jakob auf, doch zeigte der Listige erstaunliche Widerstandskräfte. Anscheinend dachte er, er würde auch mit dieser Schwierigkeit fertig werden, wie er es früher erlebte. Doch das Ringen dauerte an. Es ist eine ernste Sache, Gott, der segnen will, zu widerstehen. Als er Jakobs Unnachgiebigkeit erkannte, lähmte er ihn (verrenkte er seine Hüfte). Sein ganzes Leben lang musste Jakob nach dem Ringen das Zeichen jener schrecklichen Begegnung an sich tragen. Als er keine Kraft mehr hatte im Ringen mit Gott, nicht weiter widerstehen konnte, schlug Jakob seine Arme um den Ringer und ließ ihn nicht von sich, bis er von ihm den Segen empfing. Als ob dies nicht das Ziel Gottes gewesen wäre, an das Gott ihn ein Leben lang bringen wollte!

Ehe der Segen verliehen werden konnte, musste Jakobs starkes Ich-Leben zusammenbrechen. Er musste sich zu seiner Sünde und der Schande seines eigenen Charakters bekennen. »Wie heißt du?«, fragte ihn Gott. Er antwortete: »Jakob«, das heißt Verdränger, Lügner, Betrüger. Das bekannte jetzt der bußfertige Sünder. Dieses Bekenntnis war der im Feuer geläuterte Kern eines lebenslangen Versagers. Wahre Buße ist immer der Vorbote von Segen. Jakob hatte nun die richtige Stellung vor Gott eingenommen. Für ihn bedeutete Pniel: vor Gottes Angesicht gestellt sein und das seine ganze Sündhaftigkeit bekennen, sowie das Bewusstsein äußerster Schwachheit. »... ich habe Gott von Angesicht gesehen, und meine Seele ist genesen«, bekannte er ehrfürchtig. »Du sollst nicht mehr Jakob heißen, sondern Israel, denn du hast mit Gott und mit Menschen gekämpft und hast gewonnen.« (1. Mose 32, 29) Jakob siegte durch seine Unterwerfung. Gott war erfolgreich durch den Zerbruch der Härte Jakobs. »Er kämpfte mit dem Engel und siegte; denn er weinte und bat ihn.« (Hos. 12, 5)

Nachdem Gott ihn von seinem alten, ehrlosen Namen befreit hatte, sollte man meinen, Jakob hätte daraufhin seinem neuen Namen gemäß gelebt. Doch dem war nicht so. Er blieb misstrauisch und verräterisch wie ehedem. Diese eingefleischten Charaktereigenschaften starben nicht so schnell ab. Sie führten ihn sogar bis zur beschämenden und entwürdigenden Sichem-Krise. Getrieben von der Furcht vor Esau, unterbrach er seine Heimreise und stellte sein Zelt vor der Stadt Sichem auf. Wie sein Verwandter Lot, der sich eines ähnlichen Aktes der Torheit in Sodom schuldig machte, bezahlte er teuer für seine Tat des Unglaubens. Seine ganze Familie wurde mit ihm ins Unglück hineingezogen, weil er sich einen Weg aus der Schwierigkeit heraus erlisten wollte, anstatt Gott zu vertrauen, der ihm zweimal begegnet war. Später finden sich in seinem Leben Schande, Mord und Furcht.

Einen Schwur zu vergessen oder etwas, das Gott ausgeliefert wurde, wieder an sich zu reißen, muss teuer bezahlt werden.

Dreißig Jahre waren dahingegangen, seit ihm Gott zum ersten

Mal entgegengetreten war. Ohne Zweifel wäre dieser berechtigt gewesen, einen solch störrischen und rebellischen Charakter aufzugeben. Aber Gott ist nicht ein Mensch. Seine Liebe ist nicht einmal heiß und das andere Mal kalt. Anstatt Jakob aufzugeben, begegnete er ihm ein zweites Mal. »Mache dich auf und ziehe gen Bethel und wohne daselbst, und mache daselbst einen Altar dem Gott, der dir erschien!« (1. Mose 35,1) Dies war die zweite Bethel-Krise.

Nun zeigte es sich, dass die Züchtigungen Gottes in den vergangenen dreißig Jahren nicht umsonst angewendet worden waren. Jakob zauderte nicht. Sofort sammelte er seine Familie um sich und eilte nach Bethel. »Und Gott erschien Jakob abermals, ... und segnete ihn.« (1. Mose 35,9) Nichts vermag Gott zu entmutigen in seinem Vorhaben, sein Volk zu segnen. Noch einmal vernahm Jakob die Worte: »Du heißt Jakob; aber du sollst nicht mehr Jakob heißen, sondern Israel sollst du heißen. Und so nannte er ihn Israel.« (1. Mose 35,10) Diesmal verhielt sich Jakob entsprechend den Vorrechten seines neuen Namens und fiel nicht zurück in sein früheres Hinterlisten und Betrügen. Die Züchtigungen Gottes erwiesen sich als wirksam, und Jakob, der Wurm, findet seinen Weg in die Galerie der Glaubensmänner, die in Hebräer 11 aufgeführt sind. »Wo aber die Sünde mächtig geworden ist, da ist doch die Gnade viel mächtiger geworden.« (Röm. 5,20)

Es gibt keinen grundsätzlichen Unterschied zwischen Mensch und Mensch. Verschieden sind nur die Arten der Anfechtungen. Inmitten der Anschläge gewöhnlicher Anfechtungen wie Eifersucht, Hochmut, Ehrgeiz, Geiz oder Sinnlichkeit versagen die meisten Menschen. Sie sinken weit unter ihre Ideale hinunter. Alte Sünden beleben sich, sammeln ihre Kräfte und bestimmen den Menschen. Dasselbe tragische Versagen oder die Charakterschwäche verfolgen sie ihr ganzes Leben hindurch. Die Hoffnung auf Befreiung wird gelähmt durch eine Folge von Versagen.

Der Teufel predigt eine Botschaft der Verzweiflung, doch im Leben Jakobs predigt Gott das Evangelium der Gesundung. Die

Gesetze der Vererbung sind nicht die stärksten. Der Gott Jakobs ist vor allem ein Gott der zweiten Gelegenheit für beharrliche christliche Versager. Die zweite Gelegenheit wendet zur Gesundung die Folge vergangenen Versagens nicht ab; doch kann sogar ein Versagen eine Stufe zu neuen Siegen sein. Für das Gotteskind kann ein Versagen einen wichtigen erzieherischen Wert in sich schließen. Gott lässt sogar ein Versagen nicht umsonst zu.

Die wichtigste Lektion in Jakobs Leben ist diese, dass kein Versagen endgültig sein muss. In Jakobs Gott liegt Hoffnung für jede Veranlagung und jedes Temperament. Kein vergangenes Versagen rückt spätere Siege in den Bereich des Unmöglichen. Hat Gott einen Menschen errettet und in seiner Hand, so führt er ihn mit nie ermüdender Beharrlichkeit, um ihn zu segnen. Er schließt keinen bußfertigen Menschen, der gefehlt hat, von seinem Königreich aus. Hätte Gott Petrus wegen seines Versagens entlassen, dann wäre jene geistesmächtige Pfingstpredigt nie gehalten worden. Gott ist im Stande, sogar aus unserem größten Versagen einen ausgedehnten Dienst ins Leben zu rufen, um damit die Pläne des Teufels zu durchkreuzen.

Kapitel 4

Gottes Zucht hat ein gutes Ziel

»Pflügt oder gräbt oder bricht denn ein Ackermann seinen Acker zur Saat immerfort um?« (Jes. 28,24)

Lesetext: Jes. 28,23-29

»Lass ihn pflügen, er erwartet eine Ernte.« Samuel Rutherford, von dem diese Worte stammen, wurde durch tiefe Prüfungen geführt. Seine Reaktion darauf offenbart echte Einsicht in die Absichten Gottes und die Bereitschaft, daraus den besten Gewinn für sich zu ziehen. Die Züchtigungen in unserem Leben mögen schmerzvoll sein, doch sind sie nie zwecklos. »Jede Züchtigung aber, wenn sie da ist, scheint uns nicht Freude, sondern Leid zu sein; danach aber bringt sie als Frucht denen, die dadurch geübt sind, Frieden und Gerechtigkeit.« (Hebr. 12,11) Schauen wir nach einer Ernte aus, dann müssen wir die Züchtigung annehmen.

Der zu betrachtende Abschnitt findet sich in einer der größten Prophezeiungen des Jesaja. »Dieser Abschnitt ist gekennzeichnet durch die meisterhafte Beweglichkeit des Stils, die den Schreiber an die Spitze der hebräischen Propheten stellt. Scharfe Charakteranalyse, realistische Gegensätze zwischen Sünde und Gericht, geschicktes Angreifen und schlagfertiges Antworten, Zornesausbrüche und verstandesmäßige Beherrschung — und das Schlussergebnis: Ein durch feinsinnige Gleichnisse gemäßigter Strom von Argumenten.« (G. A. Smith) Das »feinsinnige Gleichnis« des Abschnitts bedient sich der Methoden des Landwirts beim Bebauen seiner Felder, und diese sind typisch für das Handeln Gottes mit den Nationen und in einer zweiten Anwendung für die Gemeinde Jesu Christi und ihre einzelnen Glieder.

Jesaja beleuchtet jene Eigenschaften Gottes, die mit bestimmtem Nachdruck auf sein Handeln mit den Menschen hinweisen. »So unterwies ihn sein Gott und lehrte ihn, wie es recht sei.« (Jes. 28,26) »Sein Rat ist wunderbar, und er führt es herrlich hinaus.« (Jes. 28,29) Er ist nicht ein Gott, der mit den Menschen Versuche anstellt. Er lässt sich weder durch Übermut noch durch Vorurteile bestimmen. Sein Handeln ist immer durch höchste Weisheit bestimmt und in der tiefsten Liebe ausgeführt. In allem ist äußerster Scharfsinn in mannigfaltigsten Unterschieden erkennbar. Er wendet immer die Mittel an, die am besten dazu beitragen, das Endziel zu erreichen. Werden sie in der rechten Weise angenommen, so ist eine reiche Ernte sichergestellt.

Die Tüchtigkeit des Landwirts, sein sorgfältiges Beurteilen der drei Hauptvorgänge des Ackerbaus — Pflügen, Säen, Ernten — ist nur eine Widerspiegelung von Gottes Fähigkeit und Weisheit, die ihn leiteten. Zeigt der Ackermann solch ein klares Überlegen, und wacht er so sorgfältig über seiner heranreifenden Ernte, wird da Gott, der ihn dazu unterwies, weniger umsichtig sein in der weit größeren Aufgabe, eine gute Ernte werden zu lassen?

Die Weisheit in der Art seiner Züchtigung

Obgleich der himmlische Landwirt der Pflugschar und Egge des Leids oder der Schmerzen erlaubt, ihre Furchen durch das Leben seiner Kinder zu ziehen, so werden sie doch immer von einer geschickten Hand geführt und überwacht. Sein Hauptzweck, die Ernte, steht ständig vor seinen Augen. Die drei Hauptvorgänge der Feldbebauung werden von Jesaja angeführt, um die Weisheit Gottes darzustellen, die er anwendet, wenn er den Charakter formt und den Geist zähmt.

Betrachtet man die aufeinander folgenden Arbeitsgänge des Pflügens, Säens und Dreschens als Hinweis auf die Züchtigungen Gottes in unserem Leben, dann treten aus diesem Gleichnis drei Wahrheiten hervor.

Gott ist weise im Blick auf die Dauer der Züchtigung

»Pflügt oder gräbt oder bricht denn ein Ackermann seinen Acker zur Saat immerfort um?« (Jes. 28,24) Natürlich tut er das nicht. »So unterwies ihn sein Gott und lehrte ihn, wie es recht sei.« (Jes. 28,26). Das Pflügen ist nur ein Mittel zur Erreichung eines bestimmten Zieles. Ist dieses Ziel erreicht, so hört das Pflügen auf. In der Geschichte des Volkes Israel ist Gottes Weisheit klar erkennbar. Vierhundertunddreißig Jahre lang zog die Pflugschar der ägyptischen Tyrannei durch die harte Erde des Hebräervolkes, eine nichts versprechende Wildnis, in der Gott Möglichkeiten einer reichen Ernte voraussah. Doch konnte keine Ernte ohne Pflügen erwartet werden.

Sobald die Erziehung durch die Geißeln der ägyptischen Zuchtmeister ihren Zweck erreicht hatte, wurden diese beseitigt. Keinen Tag länger, als Gott es für notwendig erachtete, um den heilsamen göttlichen Zweck zu erreichen, erlaubte er seinem Volk das Sich-Krümmen unter seine harten Meister. Sobald sie bereit waren, die Befreiung anzunehmen, führte er sie in die Ruhe, in die Fülle und in den Sieg in Kanaan ein. Doch nur die Härte der angewendeten Erziehungsart führte zu ihrem endlichen Auszug aus Ägypten.

Der erfahrene Landwirt unterscheidet eine Art Erdboden von der anderen. Seichte und sandige Erde benötigt nur ein kurzes und leichtes Pflügen. Harter, lehmiger Boden verlangt eine ganz andere Behandlung, soll er eine Ernte hervorbringen. Er muss aufgerissen und an der Sonne getrocknet werden. Der Pflug muss tief fahren, so tief er nur eindringen kann. Es muss geeggt und wieder geeggt werden, bis die Erdklumpen zerfallen und feines Ackerland gesichert ist, in dem der kostbare Same keimen und wachsen kann. Der Ackermann bestimmt die Dauer des Pflügens. Er reißt die Erde nicht immer wieder auf und eggt sie nicht das ganze Jahr über. Er behandelt jede Art Erde auf besondere Weise. Ist dies nicht die Erklärung für die verschiedenen Arten von Leiden, Mühsalen, Schmerzen und Schwierigkeiten? Wir dürfen dem himmlischen Ackermann vertrauen in seinem

Maß an Dauer und Tiefe seiner Züchtigung, die seine Liebe zulässt. In seiner Hand sind wir sicher.

Die Züchtigung ist immer als Vorbereitung auf den Segen gedacht und kann nur dann zum Segen sein, wenn sie in der rechten Weise angenommen wird. An diesem Punkt liegt unsere Verantwortung. Unverdaute Nahrung bedeutet Gift und nicht Segen. Werden Züchtigungen nicht in der rechten Art angenommen, so verbittern sie den Charakter, anstatt ihn zu »veredeln«. Ein unwilliges »Warum« als Antwort auf den züchtigenden Schlag bedeutet eine Anklage gegen den allweisen und allliebenden Gott. Er erschüttert die Herzen nicht bloß, um seine Macht und Größe zu offenbaren, sondern um den Boden für größere Fruchtbarkeit zuzubereiten. Er schneidet jeden Zweig zurück, der nicht Frucht bringt, um den Baum fruchtbar zu machen. Die Züchtigung verfolgt immer einen bestimmten Zweck. Wie antworten wir auf die Pflugschar Gottes? Macht sie uns weicher, biegsamer, reiner? Oder verhärtet sie unseren Widerstand seinem Willen gegenüber? Werden wir dadurch »süßer« oder »saurer«?

Unser Verhalten im Blick auf Familienprobleme und Geldnöte, auf Leiden und Enttäuschungen, auf unbelohnten Ehrgeiz und getäuschte Erwartungen ist überaus wichtig. Geben wir Gott nach, weil wir erkennen, dass Widerstand nutzlos ist, so ist das besser als hartnäckige Auflehnung. Lassen wir uns Gottes Handeln an uns einfach ruhig gefallen, obwohl wir uns darüber nicht freuen können, so stehen wir auf einer höheren Ebene. Sind wir aber im Stande, Gottes unerklärliche Führung mit einem Lobpreis zu rühmen, dann wird damit Gott verherrlicht, und wir sind die Gesegneten. Als Samuel Rutherford im Gefängnis in Aberdeen lag, pflegte er als Briefkopf zu schreiben: »Palast Gottes Aberdeen«.

Madame Guyon, eine gebildete Französin, war um ihres Glaubens willen in den Jahren 1695-1705 eingekerkert. Anstatt ihr Los zu beklagen, nahm sie Gottes Weg mit ihr freudig an. Sie schrieb darüber: »Als ich in Vincennes im Gefängnis war, verbrachte ich meine Tage in tiefem Frieden. Ich sang Loblieder, die meine Magd auswendig lernte, sobald ich sie gedichtet hatte. Und gemeinsam sangen wir dann dein Lob, mein Gott. Die Steine meiner Gefängnismauern leuchteten in meinen Augen wie Rubine. Mein Herz war erfüllt von der Freude, die du denen gibst, die dich inmitten der tiefsten Prüfungen lieben.«

Hiob erlebte es, wie die Pflugschar sein Leben zerriss; doch sein Handeln darauf legte den Feind lahm, der aus seinem Verlangen einen Triumph gegen Gott im Schilde führte. Satan fand keine Erwiderung auf Hiobs edles Bekenntnis: »Der Herr hat's gegeben, der Herr hat's genommen, der Name des Herrn sei gelobt!« Gottes Vertrauen in Hiob war reichlich gerechtfertigt.

»Denn unsre Trübsal, die zeitlich und leicht ist, schafft eine ewige und über alle Maßen gewichtige Herrlichkeit uns, die wir nicht sehen auf das Sichtbare, sondern auf das Unsichtbare. Denn was sichtbar ist, das ist zeitlich; was aber unsichtbar ist, das ist ewig.« (2. Kor. 4, 17. 18)

Erst wenn wir unsere Augen vom Gegenwärtigen abwenden und sie auf das Ganze, auf die unsichtbare Wirklichkeit richten, sind wir im Stande, die Züchtigungen Gottes in unserem Leben recht zu verstehen.

Er ist sorgfältig in seiner Auswahl der Zuchtmittel

»Ist's nicht so: Wenn er ihn geebnet hat, dann streut er Dill und wirft Kümmel und sät Weizen und Gerste, ein jedes, wohin er's haben will, und Spelt an den Rand? So unterwies ihn sein Gott und lehrte ihn, wie es recht sei.« (Jes. 28,25-26) Der kluge Ackermann weiß genau zu unterscheiden in der Auswahl seines Samens und in der Bestimmung des Bodens. Er weiß in allem Rat. Dem kostbaren Samen wird der beste Boden vorbehalten, der weniger wertvolle Same wird in die verlorenen Ecken gesät. Dill und Kümmel sind kleine Samenkörner und werden als Gewürz verwendet. Verglichen mit dem Weizen sind sie unwichtig. Der Landwirt wird ständig überlegen, was ihm am meisten eintragen wird, und wie sein Land am besten ausgenutzt werden kann.

So ist es mit Gott. Nie »vergeudet« er seine Züchtigungen. Er weiß, welche Art zur besten Ernte beitragen wird. Jede ist in seiner vollkommenen Weisheit sorgfältig ausgewählt. Unser Leben ist in seinen Augen ein Saatbeet der Ewigkeit, und er wacht nicht nur aufmerksam über dem Samen, sondern auch über dem Boden, der ihn aufnehmen soll. Die Umstände und der Zeitpunkt seines korrigierenden Handelns sind peinlich genau ausgewogen. Er, der den Landmann recht anleitet und lehrt, wendet nicht weniger Weisheit an seine Pflege des menschlichen Herzens. Seine Auswahl ist fehlerlos, ob es nun Verspätung, Verzicht, Zurückhalten, Wegnahme, Gedeihen, Unglück, Freude oder Leid sei. Er hat immer eine Ernte im Auge.

Sind wir weniger tüchtig als der Ackermann in unserer Einschätzung von untergeordneten Werten und entscheidenden Prioritäten? In diesen aber liegen zeitliche und geistliche Ergebnisse. Wir ernten, was wir säen. Wird die Erde unseres Lebens armselig und fleischlich besät, so wird das Erzeugnis ebenso sein. Säen wir aber Bedeutendes und Geistliches, so werden wir eine reiche Ernte an Heiligkeit und Freude erleben.

Er ist rücksichtsvoll in seiner Zucht

»Auch drischt man den Dill nicht mit Dreschschlitten und lässt auch nicht die Walze über den Kümmel gehen, sondern den Dill schlägt man aus mit einem Stabe und den Kümmel mit einem Stecken. Zermalmt man etwa das Getreide? Nein, man drischt es nicht ganz und gar, wenn man's mit Dreschwalzen und ihrem Gespann ausdrischt. Auch das kommt her vom HERRN Zebaoth; sein Rat ist wunderbar, und er führt es herrlich hinaus.« (Jes. 28,27-29)

Der Ackermann kennt die Beschaffenheit des Samens so gut wie seinen Wert und passt das Dreschen der Samenart an. Würde er alle diese Arten in der gleichen Weise behandeln, so würde an einigen unheilbarer Schaden angerichtet, während andere in der Hülse blieben. Er muss die genaue Zeitdauer einhalten, um das Endergebnis sicherzustellen. Leichtes Schlagen mit einem Stab genügt für den Kümmel; doch der Weizen braucht die schweren Dreschflegel. Sein Geschick und seine Erfahrung bewahren den Ackermann vor übermäßigem Dreschen. Sobald die Körner von den Hülsen fallen, muss mit dem Dreschen aufgehört werden. Gott übt eine ähnliche Zurückhaltung und Mäßigung in den Methoden zur Erlangung der Ernte im Leben seiner Kinder. Er wendet die Dreschflegel nicht an, wenn ein leichter Stecken den Zweck erreicht. Es ist nicht seine Absicht, einfach zuzuschlagen und damit den Samen zu verderben. Sein Ziel ist unsere Reinigung und Erhaltung. Schickt er ein Unglück, so ist es darum, weil kein anderes Mittel das Resultat herbeiführen würde. Er wendet nicht mehr und nicht länger Gewalt an, als nötig ist. Fruchtbarkeit ist das Ziel jeder Züchtigung. Die echte geistliche Haltung nimmt das Unglück an, wenn es eine reichere Ernte für Gott einbringt. »Ich freue mich der Trübsal«, schrieb Paulus, und er wusste auf das Bestimmteste, was er sagte. Er war ein äußerst empfindsamer Mensch, und doch haben nur ganz wenige die züchtigende Rute mehr erlebt als er.

Der Zweck der Züchtigung

Es gibt die verschiedensten Handlungsweisen Gottes mit Menschen, beides, in Charakter und Umständen. Keine zwei Menschen werden von ihm in der gleichen Art behandelt. Er achtet auf die Besonderheit der Persönlichkeit, und dies zeigt sich in seiner Züchtigungsmethode. Gottes Handlungsweisen verfolgen einen dreifachen Zweck:

Veredelung der Seele

Was wir sind, ist viel bedeutender, als alles das, was wir leisten. Gott geht es vor allem um unsere Charakterentwicklung, um die Christusähnlichkeit in uns. Er will, dass jeder Gläubige in das Bild seines Sohnes umgestaltet werde. Sogar Gottes Sohn wuchs durch Leiden in den Erlebnissen als Menschensohn für sein Amt als Hoherpriester zur Vollkommenheit heran. Es gibt keinen Ersatz. Wo keine Züchtigung angewendet oder nicht darauf eingegangen wird, gibt es keine Ernte persönlicher Heiligkeit und Christusähnlichkeit.

Es steht geschrieben, dass die Menschen auf des Herrn Güte und Freundlichkeit mit Auflehnung anstatt mit Dankbarkeit antworteten. »Er ließ ihn einherfahren über die Höhen der Erde und nährte ihn mit den Früchten des Feldes und ließ ihn Honig saugen aus dem Felsen und Öl aus hartem Gestein, Butter von den Kühen und Milch von den Schafen samt dem Fett von den Lämmern, feiste Widder und Böcke und das Beste vom Weizen... Als aber Jeschurun fett ward, wurde er übermütig.« (5. Mose 32,13-15)

Die Charaktere entwickeln sich ungleichmäßig. »Ephraim ist wie ein Kuchen, den niemand umwendet«, sagte Hosea. Ein Kuchen, der auf der einen Seite braun gebacken und auf der andern roh ist. Gott ist nicht zufrieden mit einer halben Heiligung, mit Gläubigen, die einerseits überentwickelt und auf anderen Gebieten unzureichend sind. Um diese Ungleichheiten zu korrigieren, wendet Gott für die unterentwickelte Seite unseres Charakters das Feuer der Schwierigkeiten an.

Zubereitung von Nahrung für andere

»Zermalmt man etwa das Getreide?« — Sicher tut man das, aber nicht beim Dreschen, denn dann verliert es seinen Wert (Jes. 28,28).

Der Landwirt drischt das Korn nicht umsonst mit dem Dreschflegel. Getreide in der Hülse ist unverdaulich für den Menschen; darum soll das Dreschen die Körner von den Hülsen lösen, damit es verdaulich wird. Ist es gedroschen, dann wird es zerteilt und gemahlen.

Unser Herr wurde verwundet um unserer Missetat willen, damit er für uns das Brot des Lebens würde, das uns erhält. »Der Jünger ist nicht über seinen Meister noch der Knecht über den Herrn. Es ist dem Jünger genug, dass er sei wie sein Meister und der Knecht wie sein Herr.« (Matth. 10,24.25) Wir sollten uns darum nicht verwundern, dass Verwundung der Preis christlichen Dienstes ist.

Vorbereitung für den Himmel

Dieses Leben ist nur die Vorstufe des Himmels, und Gott möchte, dass wir die grundlegenden geistlichen Lektionen hier unten lernen; denn wo kein Kreuz ist, kann keine Krone sein. Wo das Joch nicht aufgenommen wird, wird das Ende nicht Freude sein. Aber wir sind langsame Schüler, und die Lektion muss oft wiederholt werden.

»Wir werden uns über die Sorgfalt Gottes, die er für die Entwicklung unseres Charakters aufbringt und über die Kosten, die er deswegen auf sich nimmt, nicht so sehr wundern«, schrieb Alexander White, »wenn wir bedenken, dass es das einzige Werk seiner Hände ist, das Ewigkeitswert hat. Es ist bestimmt recht, dass das Vergängliche dem Ewigen dienen soll, die Zeit der Ewigkeit und alles in dieser Welt, das diese überleben wird; alles andere, das wir besitzen oder das wir erstreben, soll verwelken und verderben und unser geläuterter Charakter allein übrig bleiben. Reichtümer, Ehre, Besitz und Freuden aller Art wird uns der Tod eines Tages mit einem einzigen Schlag seiner verheerenden Hand zerschlagen, und von all diesen Dingen, nach denen wir so gierig verlangten, wird er uns ein Leichenhemd und einen Sarg übrig lassen.«

Kapitel 5

Gottes Kraft wirkt in deiner Schwachheit

»... denn meine Kraft ist in den Schwachen mächtig...«
(2. Kor. 12,9)

Lesetext: 1. Kor. 1,25; 2. Kor. 12,9

Zwischen Gottes und der Menschen Gedanken über Schwachheit und Unvermögen besteht ein erstaunlicher Unterschied. Wir sind versucht, diese als gerechtfertigte Entschuldigung zum Fliehen vor schwierigen Aufgaben zu nehmen. Doch Gott gebraucht ausgerechnet solche Eigenschaften, um diese Schwierigkeiten zu meistern. Wir behaupten, wir seien zu schwach. Gott macht geltend, dass dies der eigentliche Grund unserer Erwählung sei. Nicht die Weisen, die Mächtigen oder die Edlen bilden die Armee Gottes, sondern die Einfältigen, die Schwachen, die Verachteten, die »Nichtse«. Warum muss es so sein? Damit kein Mensch sich in der Gegenwart Gottes rühme und Jesu Kraft sich in unserer Schwachheit mächtig erweise (1. Kor. 1,26-28).

Das damit verbundene Prinzip

Gott ist zur Verwirklichung seines Planes nicht von den reich Begabten und besonders Gescheiten abhängig. Er kann solche Menschen in der Tat nur gebrauchen, wenn sie ihr Vertrauen in ihre rein natürlichen Fähigkeiten aufgeben. Durch die ganze Menschheitsgeschichte hindurch hat Gott immer wieder Menschen erwählt und gebraucht, die nichts waren, weil ihre ungewöhnliche Abhängigkeit von ihm für die einzigartige Darstellung seiner Macht Raum ließ. Sind Menschen zufrieden damit, nichts zu sein, dann kann er in ihnen alles sein. Er erwählt und gebraucht die reich Begabten nur, wenn sie ihr Vertrauen auf die eigenen Gaben und Fähigkeiten aufgeben.

Paulus sagt in dem angeführten Textwort nicht, dass Gott mit dem ihm zur Verfügung stehenden armseligen Material das Beste vollbrachte. Er wählte sie absichtlich aus und überging die Weisen, die Mächtigen und die Edlen, wenn sie nicht das Vertrauen in ihre Gaben und Fähigkeiten ablegten, um dafür geistlich reich zu werden. Es ist bestimmt ein anspornender und revolutionärer Gedanke — Gott will uns nicht *trotz* unserer Schwachheit und Untauglichkeit gebrauchen, sondern ausgerechnet *deswegen*. Er weigert sich, von unseren hervorragendsten Gaben und einzigartigen Fähigkeiten Gebrauch zu machen, bis wir verlernt haben, uns auf diese zu verlassen. Menschliche Schwachheit verschafft den besten Hintergrund zur Darstellung göttlicher Macht.

Eine übertriebene Betonung von Talenten und Begabungen hat schon manchem vielversprechenden Menschen die Tür zum Missionsfeld verschlossen. »Es gibt Menschen, die sich jeder Missionsgesellschaft anbieten, unter der Voraussetzung, dass diese ihnen den vollen Gebrauch ihrer Fähigkeiten garantiert«, schreibt L. T. Lyall. »Sie müssen das tun, um ihre Familien und Freunde zufrieden zu stellen, um zu zeigen, dass der lange Weg zum Diplom nicht umsonst gewesen ist. Bestimmt erlaubte ihnen Gott ihre besondere Ausbildung, damit sie davon Gebrauch machen. Abraham stellte Gott keine Bedingungen und Paulus auch nicht. Die meisten Missionare ließen ebenfalls ihre Talente in die Erde fallen, damit sie erstürben. Dafür war ihr Leben fruchtbar. Der Herr verlangt eine bedingungslose Nachfolge. Ein Christ steht unter Befehl. Er darf nicht fragen, wohin der Weg führt, sondern muss einfach dem Befehl gehorchen. Wir haben unserem allmächtigen Gott zu folgen und es ihm zu überlassen, wohin er uns stellen will, damit unsere Fähigkeiten am besten verwendet werden. Die gegenwärtige Haltung des Gläubigen, die nach einer gewissen Zusicherung fordert, dass seine Gaben ihre entsprechende Anwendung finden, kann ein Beweis des Fehlens einer völligen Hingabe an die Herrschaft Christi sein. Wenn wir glauben, Gott habe uns durch unsere Ausbildung ein besonderes Amt gegeben, können wir ihm dann nicht vertrauen, wenn es scheint, als schiebe er unsere Gaben eine Zeit lang beiseite — oder er tue es überhaupt für immer?«

»In Schwachheit gelangt die Kraft Gottes zur Vollendung«, bezeugt Paulus (2. Kor. 12,9-10). Von Gottes Helden steht geschrieben, dass sie »kräftig wurden aus der Schwachheit« (Hebr. 11,34).

William Wilberforce, der große christliche Reformator, der die Sklaven im britischen Königreich befreite, war körperlich ein solch kleiner und schwacher Mann, dass es schien, als könnte ihn ein starker Wind zu Boden zu werfen. Doch als Boswell ihn einmal in der Öffentlichkeit seinen großen Auftrag vertreten hörte, sagte er von ihm: »Ich sah etwas, ähnlich einem Pilz, das Podium besteigen; doch während ich seiner Rede lauschte, wurde er größer und größer, bis der Pilz in meinen Augen zum Walfisch wurde.«

»Es ist eine äußerst interessante Entdeckung«, schreibt Dr. I. S. Stewart, »dass Gott immer menschliche Schwachheit und Demut, nicht menschliche Kraft und Größe gebraucht zum Bau seines Königreiches, und dass er uns nicht einfach trotz unserer Gewöhnlichkeit, Hilflosigkeit und untauglichen Gebrechen gebraucht, sondern ausgerechnet deswegen. ... *Nichts vermag eine Gemeinde oder Seele zu besiegen, die nicht ihre Kraft, sondern ihre Schwachheit Gott ausliefert, damit diese ihm als Waffe diene.* So handelten der Apostel Paulus, Francis Xavier und William Carey: »Herr, hier hast du meine Schwachheit. Ich bringe sie dir, damit du verherrlicht werdest.« Hier ist der Plan, von dem nicht abgewichen werden darf. Dies ist der Sieg, der die Welt überwindet.

Das illustrierte Prinzip

Unsere Schwierigkeit liegt nicht darin, dass wir für Gott zu schwach, sondern zu stark sind. Dem König Usia wurde wunderbar geholfen, bis er mächtig wurde. »Und da er mächtig geworden war, überhob sich sein Herz zu seinem Verderben.« (2. Chron. 26,15-16) Jakob wurde erst zum Fürsten Gottes, nachdem seine Hüfte verrenkt und seine Kraft gebrochen war unter der Berührung seines göttlichen Gegners. Widersinnig, wie es scheinen mag, steht doch geschrieben: »... dass auch die Lahmen plündern werden.« (Jes. 33,23) Gott nennt unsere Behinderungen Hilfe, und unsere äußeren Verlegenheiten verschaffen ihm göttliche Gelegenheiten.

Dwight L. Moody war ein ungebildeter Mann. Seine Briefe, deren viele aufbewahrt wurden, sind voll grammatischer Fehler. Seine Erscheinung vermochte nicht zu imponieren. Die Stimme war hoch und die Sprache näselnd. Doch alle diese Benachteiligungen bedeuteten für Gott kein Hindernis. Ausgerechnet durch ihn rüttelte Gott zwei Kontinente auf. Ein Zeitungsverlag sandte einen Reporter hinter ihm her, der ihn auf all seinen Evangeliumsfeldzügen beobachten sollte. Er sah, wie Aristokraten und Handwerker sich zu Gott wandten, und versuchte, das Geheimnis seiner Kraft zu entdecken. Nach reiflichem Überlegen und Beobachten berichtete er: »Ich kann in der Person Moodys nichts sehen, das als Grund seines wunderbaren Wirkens gewertet werden könnte.«

Als Moody später den Bericht las, lachte er in sich hinein und sagte: »Das ist doch gerade das Geheimnis der Bewegung. Es lässt sich mit nichts anderem als mit der Kraft Gottes erklären. Das Werk ist Gottes und nicht mein.«

Doch Gott beschränkte sich nicht auf die Moodys und Careys dieser Welt. Bedenke, wie er Paulus gebrauchte! Er konnte doch unter die Weisen, die Mächtigen, die Noblen gezählt werden. Er besaß alles — intellektuelle Kraft, glühenden Eifer, unwiderlegbare Logik und unverrückbare Zielstrebigkeit. Doch Paulus verließ sich nicht auf diese Charaktereigenschaften. »Auch ich, liebe Brüder, als ich zu euch kam, kam ich nicht mit hohen Worten und hoher Weisheit, euch das Geheimnis Gottes zu verkündigen. Denn ich hielt es für richtig, unter euch nichts zu wissen als allein Jesus Christus, den Gekreuzigten. Und ich war bei euch in Schwachheit und in Furcht und mit großem Zittern, und mein Wort und meine Predigt geschahen nicht in überredenden Worten menschlicher Weisheit, sondern in Erweisung des Geistes und der Kraft.« (1. Kor. 2, 1-4) Paulus besaß alles; doch er gab seine Abhängigkeit von seinen glänzenden Gaben und seiner Erziehung auf und wandte sein ganzes Vertrauen auf seinen allvermögenden Gott.

Auch Mose illustriert dieses Prinzip. Als junger Prinzstudent war er sehr selbstsicher und versuchte, ohne Waffen die Befreiung seines unterjochten Volkes herbeizuführen. Aber er war noch nicht ausgerüstet für Gottes Ziele. Er wurde aus Ägypten verbannt, um in der Wüstenuniversität einen vierzig Jahre dauernden Kurs zu absolvieren. Das Resultat war ein solch gründliches Wissen um die menschliche Unzulänglichkeit, dass er zurückschreckte vor Gottes Auftrag, als dieser ihm übertragen wurde. Er brachte sieben verschiedene Gründe dafür vor, warum er nicht auf Gottes Ruf eingehen wollte; diese sollten seine eigene Schwachheit und Unfähigkeit beweisen.

Das Bewusstsein seiner Bedeutungslosigkeit entsprang dem Wissen um das Fehlen der Fähigkeiten (2. Mose 3, 11). Er hatte keine Botschaft (2. Mose 3, 13), keine Autorität (2. Mose 4, 10) und keine Rednergabe (2. Mose 4, 10). Ihm fehlten Anpassungsfähigkeit (2. Mose 4, 13), frühere Erfolge (2. Mose 5, 23) und Gebetserhörungen in der Vergangenheit (2. Mose 6, 12).

Eine vollkommenere Liste von Unfähigkeiten würde wohl kaum zu finden sein. Doch anstatt mit seinem Bekenntnis Gott zu gefallen, erregte er mit seiner scheinbaren Demut und seinem Zögern Gottes Zorn. Was Mose Gott an Ausreden vorbrachte, um damit seine Unfähigkeit zu beweisen, bildete die Grundlage für Gottes Auftrag an ihn. Erst als Mose von seinem Selbstvertrauen entleert war, konnte er sich ganz auf Gott stützen.

Gott hatte auf alle seine Unzulänglichkeiten eine befriedigende Antwort und entsprechende Lösung bereit. Es wird zu leicht übersehen, dass Gottes Berufung bereits Gottes Ausrüstung für die Aufgabe in sich birgt. Die Schwachheit eines Mose wurde zur Waffe in Gottes Hand, weil der Schwache dadurch auf Gottes unbegrenzte Möglichkeiten angewiesen war. Unser »Wer könnte dies oder das vollbringen?« kann unter Umständen der Verzweiflungsschrei sein, der dem Unglauben entspringt. Die frohe Antwort des Glaubens lautet: Unser Genüge ist in Gott!

Die Geschichte vom Sieg Gideons mit den dreihundert Männern illustriert das Prinzip von einer andern Seite her. In seiner Weise, auf den göttlichen Ruf einzugehen, gibt Gideon ein vollkommenes Beispiel bewusster Unzulänglichkeit. »Mein Herr, womit soll ich Israel erlösen? Siehe, mein Geschlecht ist das geringste in Manasse, und ich bin der Jüngste in meines Vaters Hause.« (Richter 6,15) Doch er ging, ermutigt durch Gottes Siegesverheißung und bestätigende Zeichen, auf den Ruf Gottes ein. Die 32.000 Getreuen, die sich auf seine Seite stellten, schienen erbarmungswürdig unzulänglich zu sein gegenüber den 135.000 Midianitern. Für Gott jedoch war die Zahl zu groß (Richter 7,2). Um sein Vertrauen zu prüfen, schied Gott 22.000 Männer aus, aber es verblieben »deren noch zu viele« (Richter 7,4). Diese 10.000 wurden noch einmal am Flussufer in der Trinkprobe geprüft. Nur 300 tüchtige und zuchtvolle Männer bestanden sie. Gideons Heer stand nun mit seinen Feinden in einem Verhältnis von 1 : 450. Anstatt diese Wenigen mit den wirksamsten Waffen auszurüsten, bestimmte Gott den Gebrauch von gebrechlichen Krügen, brennenden Fackeln und primitiven Trompeten. Gab es je einen armseligeren Kriegsplan? Aber Gottes auserwählte und gehorsame Männer trugen den Sieg davon. »Da fing das ganze Heer an zu laufen und sie schrien und flohen.« (Richter 7,21b) Die absolut unzureichende Zahl von Kriegern und deren Ausrüstung wurden mehr als ausgeglichen durch Gottes Allmacht. Gideons schwaches Heer wurde zur Waffe Gottes, die zum Sieg führte. Und der Grund zum Entzug jegli-

cher menschlichen Hilfsmittel: »Israel möchte sich rühmen
wider mich und sagen: Meine Hand hat mich erlöst« (Richter
7,2) gleicht dem, was von Paulus geschrieben ist: »... auf dass
sich vor ihm kein Fleisch rühme.« (1. Kor. 1,29)

So ist die Strategie Gottes. Die Welt soll erkennen, dass das
Christentum — weder die Glaubenssiege im Leben des Einzelnen, noch die Ausbreitung der weltweiten Gemeinde — nicht
durch menschliche Tugend, Tapferkeit oder Tüchtigkeit erklärt
werden kann. Im Blick an die aufgeführten Kriegsleute wäre eine
Erklärung durch solche Mittel absurd. Die einzig mögliche
Erklärung dafür muss übernatürlich und göttlich sein.

Das rechtfertigende Prinzip

Francis de L. Booth Tucker, ein begabter junger Offizier, besetzte im indischen Bürgerkrieg einen wichtigen Posten. Vor ihm lag
eine baldige Beförderung; doch erkannte er Gottes Anspruch an
ihn und ging darauf ein. Sein egozentrisches Leben befriedigte
ihn je länger, desto weniger. Es war ihm ein Anliegen, mehr für
die moralisch und geistlich Armen in seiner Umgebung tun zu
können. Als er von der erst vor kurzem gegründeten Heilsarmee
und deren gewaltigem Einfluss auf die weniger bevorzugten
Menschen Englands hörte, gab er seine Stelle auf und schloss
sich der neuen Bewegung an. Er begab sich nach England und
kehrte nach einer entsprechenden Ausbildung als Heilsarmee-
missionar nach Indien zurück. Trotz seiner aufopfernden
Anstrengungen schien es ihm nicht möglich zu sein, die Kluft
zwischen ihm und den bedürftigen Indern zu überbrücken. Er
erreichte nicht das, wofür er seine weltlichen Aussichten aufgegeben hatte. Nach viel Gebet entschloss er sich, wie die heiligen
Männer dieses Volkes mit einer Bettlerschale und wie sie gekleidet durch die Gegend zu ziehen und von dem zu leben, was die
Armen ihm geben würden.

Mit einem Freund zusammen begann er das neue Unternehmen. Er wanderte barfuß über die brennend heißen Straßen.

Die Einheimischen, die nie Schuhe getragen hatten, waren die Hitze gewohnt. Es ging nicht lange, so waren die Füße der Missionare mit Blasen bedeckt, die jeden Schritt zur Qual machten. Als sie eines Tages in der Nachmittagshitze in ein Dorf kamen, erwarteten sie zum Mindesten ein Glas Wasser und etwas Nahrung; doch man verwehrte ihnen den Eintritt ins Dorf. Völlig erschöpft legten sich beide unter einen Baum, und bald übermannte sie der Schlaf. Während sie schliefen, näherten sich ihnen einige Männer. Als einer von diesen die wunden Füße sah, sagte er: »Wie sehr muss diesen Fremden an uns gelegen sein, dass sie so viel erdulden, um uns ihre Botschaft zu bringen! Es müssen gute Männer sein, wir aber haben sie schlecht behandelt.« Als die Missionare erwachten, wurden sie in das Dorf eingeladen. Man verband ihre Füße und gab ihnen Nahrung und Wasser. Dann folgte die erhoffte Gelegenheit, diesen Gliedern eines Verbrecherstammes die Evangeliumsbotschaft zu sagen. Damit begann eine Bewegung, die 25.000 Menschen in das Königreich Jesu Christi hineinbrachte. Es waren nicht ihre Gaben, sondern offensichtlich ihre Schwachheit, die das Herz der Leute öffnete. Als sie schwach waren, war er stark. Ihre Schwachheit wurde zur Waffe in der Hand Gottes. Gottes Kraft gelangte durch ihre Schwachheit zur Vollendung.

Kapitel 6

Gottes Augen hassen deinen Stolz

»Diese sechs Dinge hasst der Herr ... stolze Augen...«
(»einen stolzen Blick«, engl. Übersetzung) (Spr. 6,16.17)

Lesetext: Jes. 14,12-15; Hes. 28,11-19

Die Bibel sagt nicht, wie die Sünde in das Universum kam; doch steht geschrieben, wie sie in unsere Welt hineinkam, und dass sie darin wohnte, ohne jedoch von den Menschen bemerkt zu werden. Es ist charakteristisch in der biblischen Offenbarung, dass sie uns nicht über alles Bescheid gibt, was wir gern wissen möchten, aber uns alles sagt, was wir wissen müssen, um in den schwierigen Lebenslagen und über Sünde und Umstände siegen zu können. Um dies zu erleben, ist es nicht notwendig, dass wir den eigentlichen Ursprung der Sünde kennen; aber es ist von dringender Wichtigkeit, dass wir um die Natur und den Charakter der Ursünde wissen, die die Welt verderbt, seit sie unsere ersten Eltern trug.

Im Paradies (1. Mose 3,1) wurde die erste Versuchung zur Sünde durch Satan, der aus seiner hohen Stellung gefallen war, an die Menschen herangetragen. Zwei Stellen im Alten Testament werfen Licht auf das Wesen seiner Sünde: Hes. 28,11-19 und Jes. 14,12-15. Diese Stellen beziehen sich zunächst auf die Könige von Tyrus und Babylon. Doch die Bedeutung dieser Schriftstellen kann durch den Menschenverstand niemals ganz ergründet werden. Die Hesekiel-Stelle sagt: »Mache eine Wehklage über den König zu Tyrus und sprich von ihm: So spricht der Herr, Herr: Du bist ein reinliches Siegel, voller Weisheit und über die Maßen schön. Du bist im Lustgarten Gottes und mit allerlei Edelsteinen geschmückt... Du bist wie ein Cherub, der sich weit ausbreitet und decket... Du warst ohne Tadel in deinem Tun von dem Tage

an, da du geschaffen wurdest, bis sich deine Missetat gefunden
hat ... und hast dich versündigt. Darum will ich dich wegtreiben
von dem Berge Gottes... Und weil sich dein Herz erhebt, dass du
so schön bist ... darum will ich dich zu Boden stürzen.«

Wie sehr erinnert diese Stelle doch an die Worte unseres Herrn:
»Ich sah wohl den Satan vom Himmel fallen wie ein Blitz« (Luk.
10, 18)! Oder die Jesaja-Stelle: »Wie bist du vom Himmel gefallen,
du schöner Morgenstern! Wie bist du zur Erde gefällt! Gedachtest
du doch in deinem Herzen: Ich will in den Himmel steigen und
meinen Stuhl über die Sterne Gottes erhöhen, ich will mich setzen
auf den Berg der Versammlung ... ich will über die hohen Wolken
fahren ... und gleich sein dem Allerhöchsten. Ja, zur Hölle fährst
du, zur tiefsten Grube.« (Jes. 14, 12-15)

Die historischen Charaktere, auf die sich diese Stellen in erster
Linie bezogen, konnten der vollen Bedeutung dieser außer-
gewöhnlichen Feststellungen, die zweifellos einen tieferen Sinn
bergen, niemals voll gerecht werden. Diese Methode der Offen-
barmachung einer Wahrheit wird auch an anderer Stelle der
Schrift angewendet, zum Beispiel in den messianischen Psalmen,
wo der Psalmist, obgleich er offensichtlich von sich selbst redet,
Feststellungen macht, die sich in ihrer Ganzheit nur auf den Messias beziehen konnten: Psalm 2; 22; 110. Dies wird in andern
Schriftstellen bestätigt. So haben wir Gründe, zu folgern, dass
obige Stellen eine weitere Beziehung zu Satan haben, der das
hohe Amt des Hüters und Beschützers von Gottes Thron inne-
hatte. Er war der Morgenstern, der eine Stellung unvergleichlicher Herrlichkeit in der Nähe der Sonne der Gerechtigkeit
besetzte.

Was war die Ursache seines Falles? Die fundamentale Sünde
des Hochmuts, die Sünde des Verlangens nach der Errichtung
eines eigenen Thrones. Anstatt Gottes Thron zu hüten, versuchte
er, den Allmächtigen zu entthronen. Hochmut führte durch
Eigenwillen zur Selbstüberhebung. Das Wesen seiner Sünde war
der Wunsch nach Unabhängigkeit von Gott. Hochmut ist die Haltung eines selbstherrlichen Geistes, der nur nach ungehinderter
Unabhängigkeit verlangt. »Ich will meinen Stuhl über die Sterne

Gottes erhöhen ... gleich sein dem Allerhöchsten.« Dies ist die Ursünde, die versucht, auf Kosten Gottes sich selbst auf den Thron zu setzen.

Obgleich Satan hinuntergeworfen ward, gewann er das Herrschaftszepter aus der Hand des Menschen und herrscht nun in der Welt als Gott dieser Welt. In Eden säte er den Samen der gleichen folgenschweren Sünde. »Welches Tages ihr davon esset ... und werdet sein wie Gott« (1. Mose 3,5), versprach er. Vergleiche diese Worte mit: »Ich will gleich sein dem Allerhöchsten«! Satan fiel durch Hochmut. Adam und Eva fielen durch Hochmut und zogen die ganze Menschheit in ihren Ruin hinein. Du und ich, wir fallen durch Hochmut, diese Ursünde, die an der Wurzel jeder andern Sünde liegt, das Verlangen, Meister über unser eigenes Leben und von Gott unabhängig zu sein. Weil dem so ist, verwundert es nicht, dass der Hochmut in der Sündenliste der Gemeinde Jesu Christi an erster Stelle steht.

Gottes Abneigung gegen Hochmut

Keine Sünde hasst und verabscheut Gott mehr als Hochmut. Sünden des Fleisches sind empörend und haben ihre eigenen gesellschaftlichen Auswirkungen zur Folge. Doch gegen keine dieser Sünden spricht Gott mit solcher Heftigkeit wie gegen den Hochmut.

»Ich mag den nicht, der stolze Gebärde und hohen Mut hat.« (Ps. 101,5)

»Er kennt den Stolzen von ferne.« (Ps. 138,6)

»Diese sechs Stücke hasst der Herr, und am siebenten hat er ein Gräuel: ...« (Spr. 6,16-17)

»Die Furcht des Herrn hasst ... den Hochmut.« (Spr. 8,13)

»Ein stolzes Herz ist dem Herrn ein Gräuel.« (Spr. 16,5)

»Wer zugrunde gehen soll, der wird zuvor stolz, und Hochmut kommt vor dem Fall.« (Spr. 16,18)

»... stolzer Mut ... ist Sünde.« (Spr. 21,4)

»... dass sich bücken muss alle Hoffart...« (Jes. 2,17)

»Gott widersteht den Hoffärtigen...« (1. Petr. 5,5b)

Es braucht keiner weiteren Worte, um den Hass, die Ablehnung und die Abneigung Gottes gegen Hochmut, Anmaßung, Einbildung und Überheblichkeit zu beschreiben. All dies ist Gott ein Abscheu. Können wir entschuldigen, was Gott verabscheut? Können wir zurückhalten, was Gott abscheulich ist? Gott widersteht dem Hochmütigen und hält ihn ferne von sich. Ein stolzes Herz kann nie mit Gott zusammenkommen; doch einen zerbrochenen und demütigen Geist wird er nicht verachten.

Die Eigenschaft des Hochmuts

»Hochmütiger« in Jak. 4,6 bedeutet wörtlich »einen Menschen, der sich über andere erhaben dünkt«. Dieser ist eine Beleidigung Gottes und der Menschen. Die Griechen hassten diese Eigenschaft. Theophylakt bezeichnet den Hochmut als »die Zitadelle und den Gipfel aller Sünde«.

Hochmut ist eine Vergötterung des Ichs. Der Hochmütige denkt höher von sich als nötig. Er maßt sich Ehre an, die Gott allein gehört. Er veranlasste Rabbi Simeon Ben Joachi, in »geziemender Demut« zu sagen: »Wenn es in der Welt nur zwei einzige gerechte Menschen gäbe, dann wären mein Sohn und ich die zwei. Gäbe es nur einen, dann wäre ich derjenige.« Hochmut war die Sünde Nebukadnezars. Diese brachte ihn auf die Ebene der Tiere hinunter.

Der Leibdiener des letzten deutschen Kaisers sagte: »Ich kann es nicht leugnen, dass mein Gebieter eingebildet war. Er musste in allem die Hauptperson sein. Begab er sich zu einer Taufe, dann wollte er nur Täufling sein. Begab er sich zu einer Hochzeit, so wollte er die Braut sein. Begab er sich zu einem Begräbnis, dann wollte er der Leichnam sein.«

Hochmut ist charakterisiert durch Unabhängigkeit von Gott. Adam wollte unabhängig sein von Gott, er wollte sein wie Gott und brachte damit der ganzen Menschheit Verderben. Hochmut will sich weder Gott noch Menschen verpflichten. Er ist sich vollkommen genug und steht damit in erstaunlichem Kontrast zu Gottes Sohn, der sagte: »Ich kann nichts von mir selber tun.«

(Joh. 5,30) Jesus freute sich seiner Abhängigkeit von seinem Vater. Der Hochmut freut sich der Selbstständigkeit.

Er schließt eine gewisse Geringschätzung anderer in sich (Luk. 18,11): »Ich danke dir Gott, dass ich nicht bin wie die andern Leute ... wie dieser Zöllner.« Der Hochmütige weist jeden anderen Sterblichen in eine untergeordnete Stellung hinein. Er benutzt die andern als Hintergrund zur Darstellung seiner eigenen Herrlichkeit. Der Hochmütige betrachtet die anderen als unter ihm Stehende. Anstatt seinen Hochmut mit Verachtung zu strafen, verachtet er andere, die er geringer achtet als sich selbst. Hochmut muss naturgemäß wetteifern. C. S. Lewis stellt fest: »Niemand ist hochmütig, weil er reich, klug oder schön ist. Er ist hochmütig, weil er reicher, klüger, schöner ist als irgendein anderer Mensch. Er stellt einen Vergleich an, der immer zu seinen Gunsten ausfällt.«

Die Äußerung des Hochmuts

Hochmut passt sich jedem Temperament an und richtet sich nach allen Verhältnissen. Er ist außerordentlich beweglich. Er kann — je nach Bedarf — demütig oder überheblich sein. Für jeden Charakter gibt es eine besondere Form. Es ist gut, wenn wir uns fragen, was unsere Form des Hochmuts sei — das Gesicht, die Abstammung, der Ort, die Armut, der Intellekt, die Leistung, der Erfolg, die Tüchtigkeit.

Es gibt einen intellektuellen Hochmut, weil »Wissen« aufbläst. Dies war die besondere Sünde der Korinther, die sich ihrer geistigen Überlegenheit rühmten. Sieben der acht Bibelstellen, in denen von »Aufgeblasensein« geschrieben ist, finden wir in den Briefen an die Korinther. Diese Form des Hochmuts zeigt sich in verächtlicher Überlegenheit Menschen gegenüber, die mit weniger geistigen Gaben ausgerüstet sind oder denen die Gelegenheit zu einer gründlichen Ausbildung verwehrt war. Dieser Hochmut blüht vor allem in einem Studierenden, vor dem sich eine neue Welt des Wissens öffnet und der noch nicht gelernt hat, dass wahres Wissen Demut und nicht Eingebildetsein wirkt. Bei Charles

Dickson war es nicht so. Menschen, die zum ersten Mal mit ihm zusammentrafen, hätten in ihm nie den berühmtesten Schriftsteller der damaligen Zeit vermutet.

Im Osten ernten wir heute die Früchte, die wir Menschen des Westens in unserem Rassenhochmut gesät haben, der die Menschen einer andern Rasse, Haut und Kultur verachtet. Jene, die diese verhasste Haltung beibehalten, haben noch nicht gelernt, dass Verschiedenheit der Rasse und der Kultur nicht Minderwertigkeit in irgendeiner Form bedeutet. Im Gegenteil, je länger wir mit Menschen anderer Rassen zusammenleben, desto weniger Grund finden wir für unseren prahlerischen Überlegenheitsdünkel.

Es gibt einen Gesellschaftshochmut, der sich auf den Zufall der Geburt in eine höhere Gesellschaftsklasse etwas einbildet. Er verachtet den gewöhnlichen Menschen, der sich nicht unter die auserwählten Kreise mischt. Die Lektion ist bis heute nicht verstanden worden, wonach Edelmut des Charakters nicht ausschließlich Besitz dieser oder jener Gesellschaftsklasse ist. Charles Lamb redete einmal jemand von diesen vornehmen Leuten mit folgender Bemerkung an: »Entschuldigen Sie, mein Herr, aber sind Sie — jemand Besonderes?«

Doch verhasster als alle die angeführten Arten ist in Gottes Augen der geistliche Hochmut, der stolz ist auf die Gnade. Es ist sehr wohl möglich, stolz zu sein auf geistliche Gaben, die Gott uns anvertraute, und damit vor andern Leuten zu glänzen. Dabei vergessen wir, dass wir nichts haben, das uns nicht geschenkt wurde — dass Gnade eine Gabe, ein unverdientes Geschenk ist. Wir können sogar mit Stolz über unsere glänzende Redegewandtheit erfüllt sein, während wir über Demut predigen. Die beste Linse ist die, die uns vergessen lässt, dass überhaupt ein Glas vorhanden ist. Dr. John McNeil berichtete einmal von einer Dame, die sich ihm nach einem Vortrag über Demut näherte und sagte: »Ja, Dr. McNeil, Demut ist meine Stärke.«

Der Hochmut äußert sich in einer unmäßigen Selbstbehauptung. Der vom Hochmut Besessene betet sein eigenes Ich an wie Narzissus, der in den Brunnen starrte und von seinem Bild geblendet ward. Als Narzissus das Bild seiner eigenen Schönheit sah, meinte er, er sehe eine Wassernymphe und verliebte sich in diese. Doch als er den Gegenstand seiner Leidenschaft nicht fassen konnte, beging er in seiner Verblendung Selbstmord. Er ist das vollkommenste Beispiel der Torheit des Verliebtseins in sich selbst.

Der ungebrochene stolze Mensch dürstet nach Schmeichelei oder Anerkennung und trinkt gierig, was ihm davon angeboten wird, weil damit seine Ich-Liebe befriedigt wird. Er ist in gehobener Stimmung, wenn er davon zu trinken bekommt, und niedergeschlagen, wenn sie ihm vorenthalten wird. Es gibt keinen Menschen in der Welt, über den er mit größerer Begeisterung spräche als über sich selbst. Er wird jedes Gespräch drehen, bis es sich um ihn dreht. Es gibt in Würzburg einen Palast mit einer Spiegelhalle, genannt die Tausendspiegelhalle. Du betrittst sie, und tausend Hände sind zu deiner Begrüßung ausgestreckt. Dein Lächeln wird mit tausend Lächeln belohnt; du weinst, und tausend Augenpaare weinen mit dir. Aber es sind deine eigenen Hände, dein eigenes Lächeln und Weinen. So ist der stolze Mensch ganz von sich eingenommen, von sich umgeben und eingeschlossen. Unser Meister steht in erstaunlichem Gegensatz zu solchen Menschen. In seiner heiklen Aufgabe, den ihm bekannten Menschen in Nazareth seine Sendung als Messias anzuzeigen, vermied er in seiner Demut den Gebrauch des Wortes Ich.

Hochmut beschmutzt alles, was mit ihm in Berührung kommt. Es gibt Arten von Bazillen, die Nahrungsmittel in verderbliches Gift verwandeln. Der Hochmut verwandelt Tugenden in Verderbtheit und Segen in Fluch. Schönheit, verbunden mit Hochmut, bedeutet Hohlheit. Zielstrebigkeit plus Hochmut ergibt Tyrannei und Grausamkeit. Menschliche Weisheit, vermischt mit Hochmut, bringt Untreue. Im Reden äußert sich der Hochmut als Kritik; denn Kritik entspringt immer der Haltung bewusster Überlegenheit. Der Hochmut findet in jedermann und in allem Grund zur Kritik. Diese erhöht den Hochmütigen und erniedrigt den Nächsten.

Die Schrift ist voller Bilder über Torheit und Tragik als Folge des Hochmuts. Es war der Stolz über sein Königreich und seine Macht, die den König David zur Zählung des Volkes Israel veranlasste, eine Sünde, die im göttlichen Gericht endete (1. Chr. 21,1). Vom Hochmut getrieben, zeigte Hiskia seinen habgierigen Feinden »das ganze Schatzhaus: Silber, Gold, Spezerei ... alles, was an seinen Schätzen vorhanden war.« (2. Kön. 20,13) Und er verlor sie. Nebukadnezars Stolz nährte sich an seinen eigenen Errungenschaften. »Das ist das große Babel, das ich erbaut habe zum königlichen Hause durch meine große Macht, zu Ehren meiner Herrlichkeit.« (Dan. 4,27) So redete er in seiner Eingebildetsein vor seinem gigantischen Fall. »Ehe der König ausgeredet hatte, fiel eine Stimme vom Himmel: Dir, König Nebukadnezar wird gesagt: Dein Königreich soll dir genommen werden, und man wird dich von den Leuten verstoßen, und sollst bei den Tieren, so auf dem Felde gehen, bleiben. Gras wird man dich essen lassen wie Ochsen.« Als ihm seine Vernunft wiedergeschenkt wurde, war der Mittelpunkt seiner Anbetung von sich weg auf Gott hin verschoben. »Nach dieser Zeit hob ich, Nebukadnezar, meine Augen auf gen Himmel, und ich pries und ehrte den, der ewiglich lebt.« (Dan. 4,31-34) Hochmut ist eine Art moralischen und geistlichen Irrsinns.

Das Herz des Usia war voll Hochmut über seine vermeintliche militärische Macht und seinen Erfolg. »Und da er mächtig geworden war, überhob sich sein Herz zu seinem Verderben. Denn er vergriff sich an seinem Herrn, zu räuchern auf dem Räucheraltar ... und da er mit den Priestern zürnte, fuhr der Aussatz aus an seiner Stirn.« (2. Chr. 26,16.19) Der Hochmut verleitete ihn zum Sich-hinein-drängen in die göttlichen Hoheitsrechte, und er starb als Aussätziger.

Herodes schlürfte das Lob seines Ruhmes aus dem Munde der Leute von Tyrus gierig ein. »Das ist Gottes Stimme und nicht eines Menschen. Alsbald schlug ihn der Engel des Herrn, darum dass er die Ehre nicht Gott gab.« (Apg. 12,22-23) Petrus war hochmütig und meinte mutiger zu sein als seine Mitjünger. Darum prahlte er: »Und wenn dich alle verließen, so will ich dich nicht verlassen.« Es ging gar nicht lange, bis sein prahlerischer

Hochmut einen vernichtenden Schlag erhielt, als er anhob, sich zu verfluchen und zu schwören: »Ich kenne den Menschen nicht!«

Der Beweis des Hochmuts

Die Schlauheit des Hochmuts kann in der Tatsache gesehen werden, dass seine Opfer gewöhnlich vollkommen blind sind für ihre Gebundenheit, auch wenn die Umwelt längst das Klirren der Ketten vernimmt. Einmal sagte ein Mann zu einem andern: »Ich danke Gott, dass, was immer auch meine Fehler sein mögen, ich doch nicht hochmütig bin.« — »Das kann ich gut verstehen«, entgegnete der andere, »denn du hast nicht viel, auf das du hochmütig sein könntest.« — »Das stimmt«, lautete die entrüstete Antwort, »doch habe ich mindestens so viel wie du, auf das ich stolz sein kann.« Sind wir aufrichtig mit uns selbst, dann wird es nicht schwer sein, den Grad des Hochmuts in unserem Leben bestimmen zu können. Es gibt untrügliche Proben, in denen wir seine verhasste Gegenwart erkennen.

Die Rangprobe

Wie verhalten wir uns, wenn ein anderer für eine begehrte Stellung ausgewählt wird? Wenn ein anderer eine Beförderung erleben darf und wir übersehen werden? Wenn ein anderer geehrt wird, und man stellt uns kalt? Wenn ein anderer uns in den Schatten stellt? Erwecken solche Erlebnisse in uns Eifersucht und Böswilligkeit oder können wir uns ehrlich über eines andern Vorankommen oder größere Fähigkeiten freuen? Lieben wir wie Diotrephes, damit wir den ersten Platz einnehmen dürfen? Es ist wahr, dass die zweite Geige im Orchester das am schwersten zu spielende Instrument ist. Dieser Prüfung wurde Johannes der Täufer unterstellt, als die Menge sich von ihm weg zu Jesus hinwandte und ihm nachfolgte. Doch er bestand die Probe triumphierend. »Er muss wachsen, ich aber muss abnehmen.«

Die Aufrichtigkeitsprobe

Wir können alles Schlechte über uns selbst sagen, doch wie ist es, wenn andere dasselbe über uns aussagen? Viele unserer geringschätzigen Äußerungen über uns selbst sind nicht aufrichtig, und wir erkennen sie als unaufrichtig, wenn wir sie von anderen hören. Manch einer verzichtete auf ein angebotenes Amt, damit man ihn noch dringender um das Annehmen desselben bitten sollte.

Die Kritikprobe

Wie antworten wir auf Kritik? Müssen wir uns sogleich rechtfertigen? Wirkt sie in uns Feindseligkeit und Auflehnung? Beginnen wir sofort, unseren Kritiker zu kritisieren? Solche Reaktionen auf Kritik sind der sicherste Beweis unseres Hochmuts. Wir können es nicht ertragen, dass die Leute anders als anerkennend von uns reden. Die Demut wird Kritik von jedermann annehmen und nur Gewinn haben, denn sie weiß, dass sich Rauch entwickelt, wo Feuer ist. Gewöhnlich liegt in allem ein Körnchen Wahrheit, so dass aus der vernichtendsten Kritik profitiert werden kann.

Die Minderwertigkeitsprobe

Leute, die unter Minderwertigkeit leiden, sind nicht unbedingt frei von Hochmut. Ausgerechnet jenes Gefühl kann der klare Beweis verletzten Hochmuts sein, weil andere uns nicht unserer eigenen Wertschätzung gemäß behandeln. Es mag eine andere Art des Hochmuts sein, aber es ist trotzdem Hochmut. Unser Stolz ist verletzt, weil wir annehmen, andere dächten gering über uns, denn tief im Herzen fühlen wir uns nicht so gering, wie sie scheinbar von uns denken — auch wenn wir noch so fest das Gegenteil behaupten.

Die Heilung vom Hochmut

Gegen den Hochmut muss entschieden vorgegangen werden. William Law schrieb: »Der Hochmut in dir muss sterben, sonst kann niemand mit dir zusammenleben... Nimm den Hochmut nicht einfach hin als eine unschöne Wesensart oder die Demut als anständige Tugend... Hochmut bedeutet nur Hölle und Demut nur Himmel.«

Schritte auf dem Weg der Heilung sind:

Wahrnehmung

Demut, das Gegenteil von Hochmut, wurde von Bernard als die Tugend erklärt, durch die der Mensch sich seiner eigenen Wertlosigkeit bewusst wird. Wir werden nie eine Sünde überwinden können, die uns nicht bewusst ist, oder über die wir nicht bekümmert sind. Wir müssen das hassen, was Gott hasst. Weil wir alle so sehr von unserer Rechtschaffenheit überzeugt sind, ist die Wahrnehmung der Sünde nicht selbstverständlich. Den Splitter in unseres Bruders Auge erkennen wir deutlich; doch übersehen wir in eigenartiger Ungereimtheit den Balken in unserem eigenen Auge. Wir sollten Gott aufrichtig bitten, uns vor uns selbst zu entblößen. Wenn wir uns dann so sehen, wie wir wirklich sind, versinken wir in die Selbstverachtung. Ist es nicht wahr, dass uns nicht sehr wohl wäre, wenn andere unsere geheimsten Gedanken kennen würden oder alle Bilder sähen, die an den Wänden unserer Einbildung hängen, oder Einblick hätten in unsere verborgensten Beweggründe oder alle unsere geheimen Taten sähen oder unsere geflüsterten Worte verstünden? Demütigt uns das Bewusstsein, dass Gott über uns klar Bescheid weiß? Kennen wir uns so, wie wir wirklich sind, dann wird aller Grund zu unserem Hochmut schwinden. Wissen wir viel über uns? Was ich weiß, ist unendlich wenig, verglichen mit dem, was mir noch nicht bekannt ist. Bin ich intelligent? Meine Intelligenz ist eine Gabe Gottes, die mir unverdienterweise geschenkt wurde. Bin ich reich? Gott half mir dazu.

Züchtigung

Um den verwerflichen Hochmut in seinen Kindern vorzubeugen, züchtigt uns Gott in seiner großen Liebe. Paulus erlebte es. »Und auf dass ich mich nicht der hohen Offenbarung überhebe, ist mir gegeben ein Pfahl ins Fleisch, ... auf dass ich mich nicht überhebe.« (2. Kor. 12, 7)

Erkennen wir in lähmenden Hindernissen, schmerzvoller Krankheit, enttäuschtem Ehrgeiz die gnädige Hand Gottes, die uns vor etwas Schlimmerem bewahren will, damit kein Hochmut aufkomme?

Abtötung

Ein erfahrener Bauer reißt das Unkraut auf seinem Acker aus, wenn es noch klein ist, ehe die Samen verstreut werden und das Unkraut sich vermehren kann. So lasst uns den hochmütigen Gedanken erkennen, ihn bekennen und ablegen! Pflege ihn, und du wirst bald erleben, wie du an deiner Brust eine Giftschlange genährt hast. Hochmut kommt aus dem Fleisch, darum wird uns der Geist zum Ablegen helfen. »Wenn ihr durch den Geist die Werke des Fleisches tötet, so werdet ihr leben.«

Vergleiche

Wir vergleichen uns mit unsersgleichen und sind zufrieden mit dem Resultat. Aber wir wollen uns vergleichen mit dem vollkommenen Christus, und wenn wir ehrlich sind, werden wir überwältigt sein, wenn wir die Wertlosigkeit oder sogar Schlechtigkeit und Armseligkeit unseres Charakters erkennen. Während die Jünger sich in ihrem Hochmut um den ersten Platz an Jesu Seite stritten, band sich der Herr der Herrlichkeit den Sklavenschurz um und wusch ihre beschmutzten Füße. Es ist eigenartig, dass Satan den Herrn Jesus mit derselben Sünde versuchte, die die Ursache zu seinem eigenen Fall war. Doch wo der Teufel versagte, triumphierte Jesus.

Nachdenken

Das letzte Geheimnis ist die Absicht Gottes. Unsere besten Anstrengungen zur Selbsterkenntnis und Selbsterziehung werden nicht im Stande sein, die Wurzel dieses Krebses, des Hochmuts, auszurotten. Dazu braucht es eine gründliche und übernatürliche Herzensumkehr. Dies ist uns auch verheißen. »... Wir werden verklärt in dasselbe Bild von einer Klarheit zur andern, als vom Herrn.« (2. Kor. 3,18) Der Hochmut schmilzt und schreckt zurück vor dem Licht seiner Demut. Nur durch den Geist des Herrn ist diese Verwandlung möglich. Der Heilige Geist wird immer bis zum Äußersten mit dem Menschen zusammenwirken, der seinen Hochmut hasst und die Demut Christi für sich in Anspruch nimmt.

Kapitel 7

Gott trägt dich durch Feuerproben

*»Ich sehe aber vier Männer frei im Feuer umhergehen, und
sie sind unversehrt; und der vierte sieht aus, als wäre er ein
Sohn der Götter.« (Dan. 3,25)*

Lesetext: Daniel 3

In den Tagen unserer Kindheit mutete uns diese Geschichte
fremd an. Wir haben sie vielleicht nicht angezweifelt, aber sie
schien so gar nicht in unsere Zeit hineinzupassen, in der wir lebten. Doch erzählte ein Missionar der China-Inland-Mission vor
einigen Monaten von seinem Besuch in Burma eine ähnliche Geschichte über Titus, einen seiner ehemaligen Schüler in China.
Als dieser seinen Glauben nicht verleugnen wollte, hielten ihn
seine Widersacher über ein Feuer und verlangten von ihm das
Ableugnen. Doch er blieb standhaft. Der scheußliche Prozess
wurde mit ihm wiederholt, bis ihn der Feuerwagen — zwar verbrannt am Körper, doch festgeblieben im Glauben — in die Gegenwart des Herrn hineintrug. So passt diese Geschichte sehr gut
auch in unsere Zeit hinein für alle, die vielleicht heute an Titus'
Platz stehen.

Stelle dir die Verhältnisse vor, in denen die drei jungen Männer damals lebten! Nebukadnezar hatte sie offensichtlich bevorzugt, weil ihr Charakter ihn beeindruckte. Das gefiel aber den
babylonischen Höflingen nicht. Ihre Eifersucht ist verständlich.
Freuen wir uns, wenn in unserem Land Fremdlingen bevorzugte
Stellen übertragen werden? Sind wir frei von allem patriotischen
Neid?

Die Höflinge waren entschlossen, diese drei Eindringlinge auf
irgendeine Weise zu beseitigen. Der Befehl zur Errichtung des

goldenen Abbildes Nebukadnezars, das von allen Untertanen als Ehrung seiner Siege und zur Vermehrung seiner Herrlichkeit angebetet werden sollte, verschaffte ihnen die willkommene Gelegenheit.

Die drei jungen Männer hatten keine Zweifel darüber, wie sie sich verhalten sollten. Hatte Jahwe nicht geboten: »Du sollst dir kein Bildnis machen ... du sollst keine andern Götter neben mir haben«? Als sie sich nicht vor seinem Bild beugten, wurde Nebukadnezar voller Grimm. Sollten sie nicht willig sein, sich seinem Willen zu beugen, dann müssten sie im Feuerofen verbrennen. Man sollte den Ofen siebenmal heißer machen, befahl er. So sieht der Hintergrund dieser Geschichte aus.

Die Hilfsmittel des Glaubens

Die Großartigkeit ihres Glaubens kommt in ihrer unerschütterlichen Verweigerung der Untreue ihrem Gott gegenüber so recht zum Ausdruck, denn der Ofen, der siebenmal heißer gemacht wurde, war ihre einzige Alternative. Ihr Glaube wankte nicht. Dies ist aus ihrem erhabenen Wort klar ersichtlich: »Siehe, unser Gott, den wir ehren, kann uns wohl erretten aus dem glühenden Ofen, dazu auch von deiner Hand erretten. Und wo er es nicht tun will, so sollst du dennoch wissen, dass wir deine Götter nicht ehren, noch das goldene Bild, das du hast setzen lassen, anbeten wollen.«

Beachte die Hilfsmittel des Glaubens in ihrem Bekenntnis!

Glaube an die Macht Gottes

»Unser Gott kann uns wohl erretten.« Wir alle erkennen die allgemeine Macht Gottes an, doch braucht es Übung zu glauben, dass Gott in unserem besonderen Fall etwas Besonderes tun werde — vor allem, wenn wir bereits die Hitze des feurigen Ofens verspüren. Konnte etwas unmöglicher scheinen als eine Befreiung aus dem Ofen? Ist mein Gott in der Lage, mich aus meinem persönlichen Prüfungsofen zu befreien? Bin ich willig, im Glauben Schritte zu wagen und Gott zu vertrauen?

Vertrauen in Gottes Willigkeit, sie zu befreien

»Und er wird uns aus deiner Hand befreien.« Dies ist das zweite Hilfsmittel des Glaubens. Viele Christen, die die Macht Gottes zum Vollbringen aller Dinge anerkennen, sind nicht ganz sicher im Blick auf seine Hilfsbereitschaft in ihren persönlichen Angelegenheiten. Gott kennen heißt, an seine absolute Bereitschaft glauben, die für uns immer das Beste im Auge hat. Der Herr errettete die drei Männer, doch in einer Weise, wie sie es sich nie hätten ausdenken können. Zuerst schien es allerdings, als wollten sie überhaupt nicht befreit werden.

Als der Aussätzige Jesus um die Heilung von seiner Krankheit bat, sagte er: »Herr, willst du, so kannst du mich reinigen.« Er traute auf des Herrn Macht; doch zweifelte er an Jesu Bereitschaft. Jesus korrigierte sogleich seine falsche Einstellung mit den Worten: »Ich will es tun, sei gereinigt!«

Doch das Vertrauen dieser jungen Männer war auch nach diesem zweiten Hilfsmittel nicht erschöpft. In den Worten: »Wenn er's nicht tun will«, bezeugten sie ein drittes, in dem sie sich als unbesiegbar und feuerfest erwiesen.

Anerkennung der Souveränität Gottes

»Und wenn er's nicht tun will, so sollst du dennoch wissen, dass wir deine Götter nicht ehren noch das goldene Bild ... anbeten wollen.« Wenn wir diesen dritten Glaubensvorrat haben und diese Probe meistern können, dann befinden wir uns auf dem Weg zur geistlichen Reife. Sogar wenn Gott sie nicht befreit hätte, wären sie in ihrem Glauben nicht wankend geworden. Sie wussten, wenn er nicht eingriff, dass er »etwas Besseres« für sie bereithielt. Sie erkannten, dass es nicht Gottes Ziel für sie sein könnte, seine Macht auf diese Weise zu gebrauchen, und überließen den Ausgang gern seiner Hand. Sie verstanden das Prinzip, das Jesus im Gleichnis festlegte: »Kann ich nicht tun mit dem Meinen, wie ich will?«

Ihre Einstellung lautete: Sogar wenn Gott nicht handelt, wie wir es erwarten, wird unser Glaube nicht wanken, und unser

Vertrauen in ihn und seine Liebe bleibt unverändert fest. Wir kennen unseren Gott so gut, dass wir bereit sind, seinen erhabenen Willen anzunehmen, auch wenn wir ihn nicht verstehen können. In ihrem Fall bestand wirklich eine Gefahr zum Zweifeln, wurde doch ihre mutige Treue dadurch belohnt, dass sie in den Feuerofen geworfen wurden. Der Zuschauer könnte das Geschehen so verstehen, dass Gott sich nicht um sie kümmerte. Doch ihr Glaube war auch dieser Probe gewachsen. Für sie bedeutete Gott mehr als ihr Leben. Sie vertrauten ihm auch da, wo sie seine Ziele nicht verstanden. Und Gott belohnte sie auf der Ebene ihres großartigen Glaubens. Er hegte geheime Pläne der Gnade und des Segens, von denen sie selbst keine Ahnung hatten.

Wagnisse des Glaubens

Thomas Carlyle sagte einmal: »Die endgültige Frage, auf die jeder von uns unweigerlich eine Antwort geben muss, heißt: ›Willst du ein Held oder ein Narr sein?‹« Diese Frage steht beständig in der einen oder andern Form vor uns.

Der Glaube steht immer vor einer Wahl

Wir können entweder den Höhenweg oder die breite Straße wählen. Für diese jungen Männer war die Wahl nicht leicht, sie ist es auch für uns nicht. Oft ist dies ein schmerzliches Erlebnis. Überdenke die Wahl zwischen der Anbetung des Königsbildes oder dem Eingeäschertwerden in der königlichen Hölle! Nebukadnezar verlangte von ihnen nicht, dass sie ihren Glauben verleugnen — er wollte nur, dass sie sich vor seinem Bild niederwerfen. In den Tagen der ersten Gemeinde hätte das Opfern eines Hauchs von Weihrauch viele Märtyrer vor dem Tod durch die Löwen bewahrt. Der Glaube wählt immer das Höchste und Beste, auch wenn es großen Verlust bedeutet.

Der Glaube bedeutet immer ein Wagnis

Wo kein Wagnis eingeschlossen ist, da ist kein Glaube nötig. Wenn wir den Pfad vor uns sehen, dann wandeln wir nicht im

Glauben, sondern im Sehen. Was machte Abraham zum Vater der Glaubenden? Der Schlüssel zu seinem ganzen Glaubensleben ist schon am Anfang erkennbar. Abraham »ging aus und wusste nicht, wo er hinkäme« (Hebr. 11,8). Er war willig, für Gott alles zu wagen. Wir üben uns im Glauben nur dann, wenn der vor uns liegende Weg unklar ist, wenn wir uns in Verhältnissen befinden, wo wir keinen Ausweg haben, wenn Gott uns in die Tiefe führt. Nicht jeder Gläubige übernimmt gern solche Risiken. Viele, die sich wie Löwen in körperliche Wagnisse stürzen, sind erstaunlich ängstlich, wenn es sich um einen Glaubensschritt handelt. Wir alle möchten uns gern absichern und immer einen Ausweg bereit haben. Im Engpass des Glaubens liegt immer ein Risiko.

Der Glaube begegnet immer Widerstand

Der Glaubensweg ist nie mit Rosen bestreut, sondern er ist mit Blut besprengt. Abraham wurde auf seiner Wanderschaft von einer Prüfung in die andere hineingeführt. Jede neue Prüfung war schwerer als die vorausgegangene. Immer musste er neue Widerstände und Schwierigkeiten überwinden. Anstatt über die Schwierigkeiten zu jammern, sollten wir uns über die sich daraus ergebenden Gelegenheiten zur Erprobung unseres Glaubens freuen. Wollen wir in unserem Glaubenswandel vorankommen, dann müssen wir mehr als unsere Mitmenschen auf inneren und äußeren Widerstand gefasst sein. Wie anders sollte unser Glaube geprüft werden? Wäre es nicht so, dann gäbe es kein Hindernis zu überwinden.

Die Befreiung durch Glauben

Es gibt zwei wichtige Lektionen zu lernen.

Befreiung aus Schwierigkeiten ist nicht das höchste Geschenk

Gott befreite die drei Männer nicht von dem feurigen Ofen, sondern er befreite sie in ihm. Wir müssen loskommen von der Idee, dass Befreiung von einer Schwierigkeit die höchste Stufe geistlichen Segens sei. Dies ist eine Haltung, die nicht dem Geist des

Neuen Testaments entspricht. War dies etwa die Haltung Jesu, dem wir nachfolgen? Paulus freute sich in anhaltenden Zeiten des Leidens und floh nicht davor. Gott hätte die drei Männer mit Leichtigkeit vor dem Hineinwerfen in den Ofen bewahren können. Er hielt aber etwas viel Besseres für sie bereit.

Die Lehre, dass die Gemeinde durch die Wiederkunft Jesu der großen endzeitlichen Trübsal entrinnen werde, wird oft überbetont. Ohne uns ausführlich mit den Endzeitfragen zu befassen, sollten wir doch wachsam sein im Blick auf die ungesunde Betonung dieser Zukunftstatsache. Unser Herr stellte mit Entschiedenheit fest: »Es wird alsdann eine große Trübsal sein« — die selbstgefällige Gemeinde unserer Zeit jedoch, die wenig Trübsal kennt, verursacht auch kaum geistliche Zusammenstöße. Nirgends verspricht uns Gott Bewahrung vor Schwierigkeiten. Während einiger Tage im Feuerofen lernen wir mehr, als außerhalb desselben in Jahren. Nach durchgestandenen Leiden ist uns Gott umso größer.

Die Umstände der Prüfungen sind verschieden

Gott behandelt nicht alle auf die gleiche Weise. Diese Wahrheit veranlasst einige zur Auflehnung gegen Gott. Diese drei jungen Männer beschäftigten sich nicht mit der Art göttlichen Handelns andern gegenüber. Sie befassten sich direkt mit ihm selbst. Wir fallen schnell in geistliche Schwierigkeiten, wenn wir darauf achten, wie Gott mit andern verfährt. Unser Gott gab Petrus in diesem Punkt eine begrüßenswerte Lektion. Dieser fürchtete, Johannes könnte mit einer Vorzugsstellung bedacht werden. Jesus antwortete auf seine diesbezügliche Frage streng: »Was geht es dich an? Folge du mir nach!« Des Jakobus Weg führte vom Gefängnis zur Hinrichtungsstätte. Petrus ging vom Gefängnis in eine Gebetsstunde. Er gewann 3.000 Seelen. Stephanus trafen 3.000 Steine. Wir müssen die Tatsache annehmen, dass »die Wege des Herrn ungleich sind«. Er behandelt uns nicht nach dem Prinzip der Massenproduktion. Er befreit Einzelne aus ihren Nöten. Er befreit andere in den Nöten.

Haben wir in unserem Wortschatz ein: »Wenn er es nicht

will«? Kennen wir dieses dritte Hilfsmittel des Glaubens? Ist unser Glaube feuerfest? Sollten Kriege über uns kommen und Söhne, Töchter, Gatte, Geliebte von unserer Seite genommen werden, haben wir dann das: »Und wenn er es nicht tun will«, das uns durch den glühenden Feuerofen trüge? Wenn wir geschäftliche oder finanzielle Verluste erleben müssten? Wenn Krankheit uns befiele? Wenn das Alter uns schwächte? Wenn der Wunsch nach einem Lebensgefährten nicht in Erfüllung ginge? Wenn sorgfältig gehegte Pläne durchkreuzt würden? Wenn unsere Arbeit für den Herrn nicht den erhofften Erfolg zeigte? Wenn wir nicht für den Einsatzort bestimmt oder mit dem befreundeten Mitarbeiter zusammenleben dürften, den wir wählen würden? Lasst uns dem unverwüstlichen Glauben der drei Edlen nacheifern, die angesichts eines scheinbar unbelohnten Glaubens Gott unentwegt vertrauten! »Und wo er es nicht tun will, wollen wir Gott trotzdem weiter vertrauen«, sagten die drei Männer. Sie verloren sich nicht in Selbstmitleid oder im Unglauben.

Wir mögen Gottes Handeln mit uns in der Zeit der Prüfung nicht immer verstehen, und er erklärt sich niemals. »Was ich tue, das weißt du jetzt nicht; du wirst es aber hernach erfahren«, lautet seine Verheißung. In der Zwischenzeit lernen wir im Feuerofen der Prüfung manche Lektion.

Die Entschädigung des Glaubens

Ihr Glaube wurde weder gering geachtet, noch blieb er unbelohnt. *Gemeinschaft mit dem Sohn Gottes* war ihr erstes froh machendes Vorrecht. »Sehe ich doch vier Männer frei im Ofen gehen, und sie sind unversehrt, und der vierte ist gleich, als wäre er ein Sohn der Götter.« (V. 25) Im Feuerofen des Leidens kommt uns der Herr näher als zu irgendeiner andern Zeit. Der Herr kam zu ihnen, als sie »im Feuer« waren. Sie handelten im Glauben, und er kam ihnen zu Hilfe, nachdem sie alles mit ihm gewagt hatten.

Macht über die Flammen

Dies war eine weitere Entschädigung. Gott sah, dass die Flammen besonders wild aufloderten. »Und die Fürsten, Herren, Vögte und Räte des Königs kamen zusammen und sahen, dass das Feuer keine Macht am Leibe dieser Männer bewiesen hatte und ihr Haupthaar nicht versengt und ihre Mäntel nicht versehrt waren, ja, man konnte keinen Brand an ihnen riechen.« (Dan. 3, 27) Die Flammen verbrannten nur ihre Bande, erlaubten aber den Männern, in Gemeinschaft mit Gottes Sohn in ungehinderter Freiheit im Ofen herumzugehen. Können wir in dieser Begebenheit nicht die gnädige Entschädigung für Feuerproben erkennen? Die Rechtfertigung ihres Glaubens und ihres Gottes war eine der Belohnungen für ihr unerschütterliches Vertrauen. Warum die Einzelheiten über ihre Körper, Haare und Mäntel? Und warum kein Verbrennungsgeruch? Ein unbekannter Gelehrter sagte: »Hoch in Ansehen und Ehre stand der babylonische Gott Izdubar, der Feuergott. Vor den Augen von Fürsten, Herrschern, Hauptleuten und Ratgebern musste dieser Gott eine Niederlage erleben. Der König selbst hatte die Niederlage durch sein eigenes Handeln herbeigeführt. Nun ist diese überwältigend. In ihrem eigenen Gebiet, in ihrem Feuergott begegnete Jahwe diesen fanatischen Gläubigen, und sie erkennen ihn jetzt nicht nur als einen Gott der Einwohner Palästinas, sondern als den Gott Himmels und der Erde — auch als den Gott Babylons. Sie erleben es, dass dieser Gott nicht nur fähig ist, drei seiner Kinder zu erlösen, sondern 30.000 Menschen, die in Not sind, zu helfen. Lasst uns einen Augenblick annehmen, diese drei Männer wären dem Feuerofen entstiegen mit kleinen Zeichen von Verbrennungen oder auch nur mit dem Feuergeruch oder das Feuer hätte Körper und Kleider angesengt, und wie die Feueranbeter sich in diesem Fall verhalten hätten. Ungefähr so: Natürlich stimmt es, dass Izdubar sie nicht vernichten konnte, doch hat er sie wenigstens zeichnen können. Sie werden diese Kleider nie mehr tragen können. Ihre Freunde werden in ihnen kaum mehr die Leute erkennen, die sie vorher waren. Der Geruch des Feuerofens wird ihnen noch lange anhaften. Sie sind dem Ofen nicht unverletzt entronnen. Unser Izdubar ist noch immer ein Gott, mit dem gerechnet werden muss. Sie werden nicht mehr so schnell bereit sein, die Anordnungen des Königs zu missachten. Sie werden ein zweites Mal nicht so leicht dem Feuerofen entrinnen, wie sie es diesmal erlebten.

Und so wäre der moralische Wert des Protestes dieser drei Hebräer herabgesetzt worden. Der Weltmensch weicht solchen klaren Auswirkungen erstaunlich geschickt aus. Doch in diesem Fall war ein Ausweichen unmöglich. Kein einziges Schlupfloch blieb ihnen zur Flucht offen. Sie mussten furchterfüllt zugeben, dass Jahwe gesiegt hatte und das Wunder vollkommen und unantastbar war und man keinen Brand an ihnen riechen konnte.«

Es gibt viele ähnliche Illustrationen eines unerschütterlichen Glaubens bei Menschen, die angesichts verheerender Wechselfälle ein »Wenn er's nicht tun will« haben. Jeder Fall beweist einen Glauben, der nicht nur den göttlichen Befehlen Gehorsam leistet, sondern der triumphiert über die göttlichen Widersprüche.

Hiob verlor alles — Heim, Familie, Gesundheit, sogar die Sympathie seiner Frau, doch in all der Zerstörung triumphierte sein Glaube herrlich: »Er wird mich in das Licht hineinführen, und ich werde ihn sehen.« (Engl. Übers.) »Wenn er's nicht tun will«, obgleich er mich schlägt, will ich ihm doch vertrauen. Hiob kannte die dritte Glaubensquelle und schöpfte daraus.

Stelle dir das Schmerzhafte der Frage Isaaks an Abraham vor: »Wo aber ist das Schaf zum Brandopfer?« Abraham hatte darauf die Antwort bereit: »Gott wird sich ersehen ein Schaf.« »Wenn er's nicht tun will«, werde ich ihm dennoch vertrauen, wissend, dass Gott »wohl von den Toten erwecken kann.« (Hebr. 11,19) Von einer Auferstehung wusste damals noch kein Mensch etwas; doch Abrahams Glaube sah sie, und ihm wurde, bildlich gesprochen, sein Sohn von den Toten wiedergegeben.

Johannes der Täufer härmte sich im Gefängnis. Er war enttäuscht über das Ausbleiben einer Botschaft von Jesus, dass er auch keine Schritte zu seiner Befreiung unternahm oder ihn besuchte. Er sandte seine Jünger zu Jesus mit der Frage: »Bist du, der da kommen soll, oder sollen wir eines andern warten?« »Wo er's aber nicht tun will«, wird mein Glaube doch nicht wanken, ich werde nach keinem andern ausschauen.

Der Herr Jesus kämpfte in Gethsemane in solch tiefer Not im Gebet, dass blutiger Schweiß aus seinen Poren drang. »Vater, willst du, so nimm diesen Kelch von mir«, doch »wenn er's nicht tun will« — »dein Wille geschehe!«

Wundern wir uns darüber, dass Nebukadnezar solchem Glauben gegenüber machtlos war? Das Feuer hatte keine Gewalt über die Leiber der furchtlosen drei Zeugen, und er hatte auch keine Macht über ihren Geist. Die Welt kann einen solchen Geist weder ködern noch schrecken. Der Teufel ist machtlos, mehr zu tun, als ihre Bande zu verbrennen und sie als Gottes freie Männer zu entlassen.

In unseren Tagen mögen die Prüfungsflammen sehr wohl um uns her auflodern. Es gibt immer irgendwo ein Bild, das nach unserer Anbetung verlangt. Die Form des Feuerofens mag sich mit den Jahren ändern, aber nicht sein Bestehen. Die Welt mag uns mit dem Hineinwerfen in den Feuerofen öffentlicher Ächtung drohen. Wenn wir uns nicht vor dem Gott der allgemeinen Sitten beugen, werden wir die Flammen des Spottes und der Menschengefälligkeit nähren müssen. Es ist nicht ausgeschlossen, dass eines Tages das Feuer der Verfolgung um uns her wüten wird. An uns liegt es zu wissen, dass wir den feuerfesten Glauben der drei jungen Männer teilen müssen, wenn wir uns des Überflusses an Gottes Beistand erfreuen wollen.«

Teil II
Christi Erscheinung
überwältigt

Kapitel 8

Christi Erscheinung überwältigt

»Und als ich mich umwandte, sah ich ... einen, der war einem Menschensohn gleich...« (Offb. 1, 12. 13)

Lesetext: Offb. 1, 9-20

Die symbolische Botschaft des Buches der Offenbarung Jesu Christi wurde durch alle Zeiten hindurch von seiner geprüften und verfolgten Gemeinde am meisten geschätzt. Darum hat sie für weite Teile der heutigen Welt besondere Bedeutung. Durch die Geschichte hindurch entsprach diese Selbstenthüllung Gottes den aktuellen Nöten seiner Kinder wie kein anderes Buch der Heiligen Schrift. Dem verbannten Johannes wurde die Ehre zuteil, diese Offenbarung Christi für die verfolgte Gemeinde niederzuschreiben.

Eine solche Botschaft erforderte einen mitfühlenden Botschafter, und damit dieser für diese Aufgabe zubereitet werden konnte, erlaubte Gott, dass Johannes nach Patmos verbannt wurde, wo er nach einem Bericht des Victorinus mit Verbrechern zusammen in den Minen jener felsigen Insel hart arbeiten musste. Wegen seiner Treue zum Wort Gottes und seinem Zeugnis von Jesus Christus wurde er einst in diese Verbannung geschickt. Die am weitesten zurückliegende Tradition behauptet, Johannes sei deshalb gefangen gehalten worden, weil er sich weigerte, den Kaiser anzubeten. Dadurch, dass er die Trübsal seiner asiatischen Mitgläubigen teilen musste, konnte er ihnen die göttliche Botschaft weitergeben. Er saß dort, wo sie saßen.

An einem »Tag des Herrn« — im zweiten Jahrhundert wurde diese Bezeichnung für den Sonntag gebraucht — schrieb Johannes: »Ich war im Geiste«, das heißt in einem Zustand der Verzückung und eines tieferen Bewusstseins, in dem der Prophet Gesichte schaut und Worte hört, die seine normale Fähigkeit des Verstehens übersteigen. Es war, als würde Johannes über die zeitliche Welt und den irdischen Raum hinweg in die Ewigkeit versetzt. Paulus hatte ein ähnliches Erlebnis. Er wurde in den dritten Himmel versetzt und »hörte unaussprechliche Worte, welche kein Mensch sagen kann...« (2. Kor. 12, 4) So vollkommen erfüllt und bestimmt war Johannes durch den Geist, dass die sichtbare Welt zurücktrat und die unsichtbare greifbar und wirklich wurde.

Als Johannes in diesem Zustand der Entzückung lebte, vernahm er hinter sich »eine große Stimme wie von einer Posaune«, mit der ihr eigenen eindringlichen Klarheit. Es war der Ton der Posaune, der einst Gottes Volk zu seinen religiösen Festen zusammenrief. Durch eine Posaunenstimme offenbarte sich Gott am Sinai (2. Mose 19, 16). Es überrascht nicht, dass einem Menschen, der in Gedanken im Alten Testament lebte und davon durchdrungen war, die Vision der Offenbarung durch alttestamentliche Symbole und Vorstellungen vermittelt wurde.

Christi einzigartige Person

Als Johannes sich umwandte, um den Sprechenden zu sehen, sah er keinen andern als den lebendigen Christus — »einen, der war eines Menschen Sohn gleich« —, denselben Jesus, den er vor sechzig Jahren gesehen hatte. Nun war er aber nicht mehr »der Allerverachtetste und Unwerteste, voller Schmerzen und Krankheit«, sondern der erhöhte, triumphierende, in unvorstellbare Majestät gekleidete Christus, der inmitten der sieben goldenen Leuchter steht, die die sieben Gemeinden in Asien versinnbildlichen. Es war der Jesus, an dessen Brust Johannes so oft sein Haupt hatte bergen dürfen, und doch so sehr verschieden von der Gestalt in den Tagen seiner Erniedrigung. Derselbe Jesus und doch nicht der gleiche, dieselben Eigenschaften und doch bekleidet mit erschreckender Macht und Majestät.

Die Schau war geistlich und die Beschreibung sinnbildlich, und doch vermittelt sie dem Verstand ein lebendigeres und eindringlicheres Bild Christi, als jede Zeichnung es je zu geben vermag. Wir dürfen jedoch von der hier angewandten Vorstellung kein extremes, wortgetreues Bild dessen zeichnen, den Johannes schaute, sondern müssen die Sinnbilder zu verstehen suchen, in denen die vom Geist geschenkte Vision im Lichte ihrer anderseitigen Anwendung in der Heiligen Schrift gegeben wurde. Durch die Symbolik können wir die Bedeutung der Schau verstehen. Künstler aller Zeiten haben das Antlitz und die Gestalt Christi auf die Leinwand zu bringen versucht; doch ist es eine bemerkenswerte Tatsache, dass die Evangelien mit keiner Zeile seine leibliche Erscheinung erwähnen, so auffallend sie auch sein musste. Das einzige Bild, das wir von ihm besitzen, ist in den inspirierten Worten enthalten, die uns seine sittlichen und geistlichen Charaktereigenschaften enthüllen.

Das erste, was Johannes in seiner Schau beeindruckte, war die Bekleidung Christi. Er war »angetan mit einem langen Gewand und begürtet um die Brust mit einem goldenen Gürtel« (V. 13); ein langes, wallendes Gewand mit einem an der Brust zugeschnallten, goldenen Gürtel. Es war die Bekleidung, die ein würdevolles majestätisches Bewegen ermöglicht, die Ruhe der Herrscherhoheit. Es stand im Gegensatz zu dem über den Lenden zusammengerafften Arbeitsgewand, das zu einem flinken Dienst geeignet ist.

Christi Amt war durch seine Bekleidung angedeutet. Es war das charakteristische Gewand der Propheten, Priester und Könige und darum ganz besonders bezeichnend für den, in dem alle drei Ämter ihren Höhepunkt und ihre Erfüllung fanden. Es war das Gewand des Trägers der göttlichen Botschaft (Dan. 10,5). Es war auch das Kleid, das der Hohepriester trug, wenn er seine Pflicht des Schneidens und Beaufsichtigens der brennenden Lampen im Heiligtum erfüllte. Es war das Gewand der Königswürde. Darum ist der, den Johannes schaute, zuständig, die göttliche Botschaft dem Menschen zu übermitteln, ihn in das

Heiligste einzuführen und ihn in Gerechtigkeit zu regieren. Johannes zweifelte nicht an der Göttlichkeit dieser erhabenen Persönlichkeit; denn er gab ihr die Namen, die im Alten Testament ausschließlich für Gott angewendet werden.

Dann folgt ein vollständiges Porträt des erhöhten Herrn, eine siebenfache Schilderung in lebendigen Farben und graphischen Bildern als Hintergrund, von dem sich Jesu sittliche und geistliche Eigenschaften klar abheben.

»Sein Haupt aber und sein Haar war weiß wie weiße Wolle, wie der Schnee.« (V. 14) Das Symbol ist dem Buch Daniel entnommen. »Ich sah, wie Throne aufgestellt wurden, und einer, der uralt war, setzte sich. Sein Kleid war weiß wie Schnee und das Haar auf seinem Haupt rein wie Wolle...« (Dan. 7,9) Hier ist die Verbindung von Alter und Reinheit, Zeit und Sündlosigkeit. Sein ist das hohe Alter und die ewige Weisheit. Das Kleid des Ewigen glänzte wie Schnee im Sonnenschein. Als Johannes den Menschensohn auf dem Berge Tabor sah, »da ward sein Kleid weiß und glänzte« (Luk. 9,29). »Seine Kleider wurden hell und sehr weiß wie der Schnee, dass sie kein Färber auf Erden kann so weiß machen.« (Mark. 9,3) In ihm ist vollkommene und vollendete Weisheit.

»Seine Augen waren wie eine Feuerflamme« (V. 14), ein Symbol für die klare Schau und das außerordentliche Wissen, das eine Besonderheit der göttlichen Allmacht ist. In Daniels Schau waren »seine Augen wie feurige Fackeln« (Dan. 10,6). Dieses lebendige Symbol bezeichnet seine große Fähigkeit des Durchschauens und Durchforschens jeden Lebens, des Erforschens aller innersten Winkel der Vorstellung, so dass er »wird ans Licht bringen, was im Finstern verborgen ist, und den Rat der Herzen offenbaren« (1. Kor. 4,5). Dasselbe wird in Offenbarung 19,11-12 gesagt: »Und ich sah den Himmel aufgetan; und siehe, ein weißes Pferd, und der darauf saß, hieß Treu und Wahrhaftig, und er richtet und streitet mit Gerechtigkeit. Seine Augen sind wie eine Feuerflamme und auf seinem Haupt viele Kronen.« Hier liegt der Nachdruck auf seinem verzehrenden

Eifer als Urteilsvollstrecker des gerechten Gerichts Gottes an der Sünde, »mit Feuerflammen Rache zu geben über die, so nicht gehorsam sind dem Evangelium unseres Herrn Jesu Christi« (2. Thess. 1, 7-8). Doch Christi Urteil ist nicht wie das unsrige. Sein Urteil ist die Folge vollkommenen Wissens. »Ich kenne deine Werke«, ist seine ständig wiederholte Zusicherung an die sieben Gemeinden. Er versichert ihnen das Anrechnen aller ihrer Verdienste. Nichts, weder Vorteilhaftes noch Nachteiliges, kann seinem Auge, das vollkommenes Wissen bedeutet, verborgen bleiben.

»Seine Füße waren gleichwie Messing, das im Ofen glüht.« (V. 15) Dieses Symbol ist nicht leicht erklärbar. Das Bild kommt in Offenbarung 2, 18 wieder vor und wird ergänzt durch das ausgeführte Urteil Christi (V. 23.27). Christus wandelt inmitten der Gemeinden, und sein Ziel war die Vollendung des ewigen Planes Gottes. Messing war in den Tagen des Johannes eine Legierung von Gold, Kupfer und Silber. Es war bekannt als das härteste Metall. Hier ist Messing gemeint, das im Feuerofen weißglühend wurde. Eine Besonderheit des Messings war die, dass es der Hitze nicht nachgeben wollte. Der menschgewordene Christus vermochte dem Feuerofen der Heiligkeit Gottes standzuhalten. Obgleich er in einer durch die Sünde verderbten Welt lebte, blieb er unbefleckt. Doch könnte das Bild auch sein unbewegliches und unbestechliches Gerichtsverfahren bedeuten, wenn er mit glühenden, flammenden Füßen alle Feinde der Gerechtigkeit unerschrocken und ungehindert durch den Widerstand von Menschen und Teufel niedertritt. »Er tritt die Kelter des Weins des grimmigen Zorns Gottes, des Allmächtigen.« (Offb. 19, 15)

Es ist ein einschüchterndes Bild von Gottes unaufhaltsamem und schrecklichem Gericht über rebellische Menschen und vom Menschensohn, dessen Füße unbefleckt durch die Verderbtheit der Welt wandelten. Er wird einst ein vollkommenes Gericht ausüben.

»Seine Stimme war wie großes Wasserrauschen.« (V. 15)

»Die Herrlichkeit des Gottes Israels kam vom Morgen und brauste, wie ein großes Wasser braust.« (Hes. 43, 2) Was ist eindrücklicher als das Tosen des Niagarafalles, wenn er Hochwasser führt, oder einer großen, schreienden Menschenmenge? So ist die Stimme Christi, unüberhörbar, Achtung fordernd, und sein Befehl ergeht an alle Menschen und alle Nationen. Die Stimme, die einst die liebliche Einladung: »Kommt her, alle« aussprach, ist jetzt zum Tosen eines mächtigen Wassers geworden. Als jene laute, widerhallende Stimme an das Ohr des Johannes drang, glich sie den mächtigen Wellen, die sich am felsigen Ufer der Insel Patmos überschlugen — ein Hinweis auf den furchtbaren Ernst der Stimme, mit der er seine Feinde innerhalb und außerhalb der Gemeinde tadeln wird. In der Stimme Christi liegt eine unerhörte Entschiedenheit; denn keines seiner ausgesprochenen Worte musste je zurückgenommen werden. H. B. Swete bemerkt dazu, die Stimme Gottes beschränke sich nicht auf einen einzigen Ton. Sie könne schrecklich wie eine Meeresbrandung oder der Ausdruck freundlicher Ruhe sein, majestätisch im Tadel oder zart im Trösten. Es ist die Stimme vollkommener Autorität.

»Und er hatte sieben Sterne in seiner rechten Hand.« (V. 16) »Die sieben Sterne sind Engel der sieben Gemeinden« — Botschafter oder Prediger (V. 20). Christus stellt sich dar, als halte er in seiner kraftvollen rechten Hand das Geschick der Gemeinden. Jede Autorität, die solche Botschafter an die Gemeinden haben, verdanken sie Christus. Er hält und trägt sie, und sie sind ihm verantwortlich. Er ist der Besitzer und Erhalter der Gemeinden, ihr Wächter und Versorger, und die Leiter, die er ihnen gibt, sind sicher geborgen in seiner kraftvollen Hand. Im nächsten Vers, der berichtet, wie Johannes zu Füßen des majestätischen Christus hinsank, ist es dieselbe Hand, die sich bestätigend auf sein Haupt legt. Wie sicher sind die Botschafter an die Gemeinden unter seiner vollkommenen Überwachung!

»Aus seinem Munde ging ein scharfes, zweischneidiges Schwert.« (V. 16) Die Erklärung dieses Symbols findet sich in

Hebräer 4,12. »Denn das Wort Gottes ist kräftig und schärfer als jedes zweischneidige Schwert ... und ist ein Richter der Gedanken und Sinne des Herzens«, durchdringend, trennend, erkennend. Das eindringliche Wort Christi, die Genauigkeit seines Gerichts und die Beurteilung aller menschlichen Handlungen sind klar ersichtlich; denn die Worte, die aus seinem Mund kommen, werden die Grundlage aller kommenden Gerichte sein. »Das Wort, welches ich geredet habe, das wird ihn richten am Jüngsten Tage.« (Joh. 12,48) Die Kraft des Wortes Christi zum Tadeln und Strafen ist hier bedeutungsvoller als seine Kraft zur Bekehrung; denn das Schwert ist das Symbol für seine richtende Autorität und Macht. Es schneidet in das einzelne Leben ein, legt die Sünde bloß, schneidet heraus, was nicht taugt, und vernichtet alles, was in der Gemeinde nicht zur Verherrlichung Gottes dient. In seinem Gericht offenbart Christus vollkommenes Unterscheidungsvermögen.

»Und sein Angesicht leuchtete wie die helle Sonne.« (V. 16) Das Angesicht ist das Wichtigste der äußeren Gestalt des Menschen. Jesu ganze Erscheinung glich der Sonne, wenn sie am höchsten steht, wenn sie in wolkenloser Kraft strahlt und dem ungeschützten menschlichen Auge zu hell ist. Spricht Johannes hier von seiner Schau auf dem Berg der Verklärung, als »sein Angesicht leuchtete wie die Sonne« (Matth. 17,2)? Das Angesicht, das Johannes in seiner Vision sah, war kein »Angesicht, das anders gewesen wäre als der Menschen Angesicht«, doch leuchtete es in einem unerträglichen Glanz und hinterließ den Eindruck verwirrender Pracht und erhabener, ehrfurchtgebietender Majestät. Die Pastoren sind Sterne. Die Gemeinden sind Lampen. Christus ist die majestätische Sonne. Wie die Sonne die größte Lichtspenderin der Erde ist, so ist Christus der stärkste Lichtspender für die geistliche Welt. »Und die Stadt bedarf keiner Sonne noch des Mondes, dass sie ihr scheinen, denn die Herrlichkeit Gottes erleuchtet sie, und ihre Leuchte ist das Lamm.« (Offb. 21,23) Sein Angesicht widerspiegelt seine moralische Herrlichkeit.

Seine einmaligen Hoheitsrechte

Die Wirkung der Vision auf Johannes war überwältigend. »Und als ich ihn sah, fiel ich zu seinen Füßen wie ein Toter.« (Offb. 1, 17) Eine Schau Gottes hat immer Demütigung und Unterwerfung zur Folge. Johannes fiel in ehrfurchtsvoller Anbetung und erkannter Unwürdigkeit zu den Füßen seiner Majestät, »Er ist der Abglanz seiner Herrlichkeit und das Ebenbild seines Wesens« (Hebr. 1, 3).

Konnte diese majestätische Gestalt derselbe sein wie der bescheidene, demütige Mann, an dessen Brust einst sein Haupt geruht hatte? Ja, das Herz, das unter dem goldenen Gürtel schlägt, ist dasselbe wie früher. Die Hände, die die sieben Sterne halten, sind dieselben nägeldurchbohrten Hände. Die Augen, die wie Feuer flammen, weinten einst Tränen des Erbarmens über das verlorene Jerusalem. Die Stimme hat denselben lieblichen Tonfall, der einst den Soldaten die Worte abgerungen: »Nie hat ein Mensch so geredet.« Die glänzenden Füße sind dieselben, die seinen blutenden Leib zum Hügel Golgatha hinauftrugen. Der Mund, von dem das zweischneidige Schwert ausging, sprach einst die Einladungsworte: »Kommet her zu mir, ich will euch Ruhe geben.« Das strahlende Angesicht ist dasselbe, das einst hässlicher war denn das Ansehen anderer Leute (Jes. 52, 14).

Doch wurde die Vision dem Johannes zur Ermutigung und Stärkung gegeben und nicht zum Erschrecken. »Und er legte seine rechte Hand auf mich und sprach zu mir: Fürchte dich nicht! Ich bin der Erste und der Letzte und der Lebendige. Ich war tot und siehe, ich bin lebendig von Ewigkeit zu Ewigkeit und habe die Schlüssel der Hölle und des Todes.« (Offb. 1, 17. 18) »Ich bin das A und das O, der Anfang und das Ende.« (V. 8) Diese barmherzige Berührung und das weitere Selbstoffenbaren des Herrn genügte, um Johannes auf die Füße zu bringen und ihm die Gewissheit über ihn zurückzugeben. Die nageldurchbohrte Hand, die stark genug ist, das Universum zu halten, war zart genug, einen zerbrochenen, gedemütigten Anbeter zu trösten und mit Kraft auszurüsten.

Seine einzigartigen Aussagen

In dieser Schau gab der Herr fünf einzigartige Erklärungen über sich selbst, die klar genug waren, um die Befürchtungen des Johannes zu zerstreuen.

»Ich bin das A und das O« (V. 8), eine Erklärung seiner ewig dauernden Gottheit. Er ist der Gott der Geschichte, ihr Anfang wie ihr Ende und der ganzen Zwischenzeit, wie die ersten und letzten Buchstaben im griechischen Alphabet jede erdenkliche Redeform in sich schließen. Er ist die vollkommene, vollendete und ewige Offenbarung. »In Christus begegnen sich das erste Buch Mose, das A des Alten Testaments, und das O, die Offenbarung als letztes Buch der Bibel. Dieses zeigt uns den Menschen wieder im Paradies, versöhnt mit Gott, wie das erste Buch Mose den Menschen unschuldig und in Gottes Wohlgefallen im Paradies lebend darstellte.« (Jamieson)

»Ich bin der Erste und der Letzte und der Lebendige...« (V. 17; Jes. 44,6). Alle Dinge nahmen ihren Anfang bei ihm, und alle Dinge werden mit ihm zum Abschluss kommen. Er ist der Ursprung und das Ziel der ganzen Schöpfung. Er ist der Erste, weil es vor ihm keinen Gott gab, und der Letzte, weil es nach ihm keinen andern geben wird. Er ist beides: Anfänger und Vollender des Glaubens. Er war mit uns, als wir in diese Welt hineingeboren wurden, er wird auch im Sterben mit uns sein.

»Ich bin der Lebendige. Ich war tot...« (V. 18) Hier zeigt er den lebendigen Gegensatz zwischen dem ererbten ewigen Leben und seiner freiwilligen Auslieferung an die Mächte des Todes. Weil er in den Tod hineinging, kann er einer todgeweihten Menschheit sagen: »Du brauchst dich vor dem Tod nicht zu fürchten. Ich selbst bin diesen Weg gegangen, habe seine Macht an mir erfahren und seinen Stachel erlebt.«

»Ich bin lebendig von Ewigkeit zu Ewigkeit« (V. 18), durch alle Zeitalter hindurch. Der Tod konnte sein Opfer nicht halten. Jetzt lebt Jesus »in der Kraft endlosen Lebens«. Lazarus kehrte in das Leben zurück, musste aber noch einmal sterben. Jesus ist auferstanden vom Tode und lebt in Ewigkeit. Sein Sterben und

Tod als Mensch und sein gegenwärtiges Sein in der Fülle des Lebens ist die Grundlage für unser Vertrauen, weil durch ihn der Tod nur das Tor zu einem völligeren Leben bedeutet. Für eine Gemeinde, die mit dem Märtyrertod rechnen musste, war diese Wahrheit dringend notwendig, um furchtlos zu bleiben. Die Gemeinde könnte nicht leben, wenn Christus im Tode geblieben wäre. Aber weil er lebt, kann die Gemeinde nicht sterben, weil sie sein Leben hat.

»... und habe die Schlüssel der Hölle und des Todes.« (V. 18) Er hat in der Auferstehung diese Schlüssel an sich genommen von »dem, der die Macht des Todes hat, dem Teufel«. Der Hades ist in Matthäus 16, 18 als ein Gefängnis oder eine ummauerte Stadt beschrieben. Der Tod ist die Pforte zur unsichtbaren Welt. Die Schlüssel sind Sinnbild der Vollmacht. Sie sind in der unsichtbaren Hand Christi, und damit liegt die Bestimmung der Menschen in seiner Hand. Wenn die Schlüssel in seiner nageldurchbohrten Hand liegen, brauchen wir uns vor keinem noch so drohenden Ort zu fürchten. Auch den schrecklichen Schnitter, den König des Schreckens, brauchen wir nicht länger zu fürchten. Die Erlaubnis zu unserem Sterben gibt Christus, und er öffnet den Weg auf der andern Seite. Niemand vermag ihm die Schlüssel zu entreißen. Weil er auferstanden ist, werden auch wir auferstehen.

Weil dieser lebendige, majestätische Jesus inmitten seiner Gemeinde steht und ihre Geschichte in seiner Hand hält, besteht für sie oder für uns kein Grund zur Furcht.

Kapitel 9

Christi Würde verlangt Anbetung

*»Du bist würdig, zu nehmen das Buch und aufzutun seine
Siegel; denn du bist geschlachtet und hast mit deinem Blut
Menschen für Gott erkauft aus allen Stämmen und Spra-
chen und Völkern und Nationen.« (Offb. 5,9)*
*»Das Lamm, das geschlachtet ist, ist würdig, zu nehmen
Kraft und Reichtum und Weisheit und Stärke und Ehre und
Preis und Lob.« (Offb. 5,12)*

Lesetext: Offenbarung 5

Mehr als vierzig Jahre hindurch begann der bekannte Methodis-
tenprediger Samuel Chadwick seinen Gottesdienst jeden Sonntag mit dem Lesen dieses spannenden Kapitels. Man könnte annehmen, dass das so oft wiederholte Lesen diese Bibelstelle aller
wirksamen Kraft berauben würde. Dem ist aber nicht so, und
dies aus zwei Gründen: Erstens durch die innewohnende Kraft
des Wortes Gottes, wenn es durch den Heiligen Geist erleuchtet ist und durch ein geheiligtes Verständnis angewendet wird.
Zweitens, weil Chadwick in der Schau des endgültigen und
unbedingten Triumphes Christi über jeden Widerstand immer
neue Geistesausrüstung für sein persönliches Leben und seinen
Dienst fand. Auch wir können die Anbetung in unserem Herzen
an diesem Altar neu anfachen lassen und in der Kraft jener Schau
des Johannes unsere anvertraute Aufgabe ausrichten.

Die Schau des Lammes

»Und ich sah mitten zwischen dem Thron und den vier Gestal-
ten und mitten unter den Ältesten ein Lamm stehen, wie ge-

schlachtet...« (V. 6) Johannes, dem Seher, wird eine erhebende und majestätische Schau geschenkt. In der rechten Hand dessen, der auf dem Thron sitzt, liegt ein Buch oder eine mit sieben Siegeln verschlossene Buchrolle. Ein mächtiger Engel ruft Himmel und Erde und die Hölle um einen Helden an, der würdig wäre, das versiegelte Buch zu öffnen. In der anhaltenden Stille blickt sich Johannes bekümmert unter den versammelten Myriaden nach dem gesuchten Helden um, der jetzt hervortreten sollte. Doch es bewegt sich nichts. Es meldet sich kein Freiwilliger. Endlich bricht er in tiefster Bestürzung in fassungsloses Weinen aus, weil da keiner würdig ist, sich die Buchrolle anzusehen, geschweige ihre Siegel zu brechen.

Ist es das versiegelte Buch der Heiligen Schrift? Das Alte Testament ist ohne die Erklärung im Lichte der Menschwerdung Jesu und des Kreuzes ohne Zweifel ein versiegeltes Buch. Den Juden bleibt das Alte Testament bis heute ein verschlossenes Buch, weil sie Christus darin nicht sehen wollten. Wie unergründlich sind seine Geheimnisse ohne Jesu Kreuz und Leiden! Doch wie klar sind seine Worte, wenn er auf jeder Seite erkannt wird!

Ist es das versiegelte Buch über Gottes ewigen Plan? Oder ist es sein letzter Befehl über die Geschehnisse im Weltall? Einzig das Lamm ist im Stande, die Gedanken und den Plan Gottes zu erklären und auszulegen und ihn vollkommen auszuführen.

Ist es das versiegelte Buch des Bündnisses zwischen Gott und Mensch, das Christus durch sein Sterben schuf und durch das er mit Recht das Welt- und Gemeindeschicksal leitet?

Ist es das versiegelte Buch der Geschichte, das die Vergangenheit erklärt und die Zukunft auslegt? Ohne Christus ist die Geschichte ohne letzte Bedeutung, denn die wirkliche Geschichte ist die der Erlösung durch ihn. Johannes war erstaunt, eine zufrieden stellende Erklärung der Geschichte seiner Zeit mit ihrer Verfolgung, Gericht und Tod zu sehen. Was war ihre Bedeutung und ihr Ausgang? Er entdeckte, dass das Lamm die Geschichte erklären kann und allein der Schlüssel zur Prophetie ist. Einzig das Lamm kann dem Menschen mit Bestimmtheit sagen, wo er hingeht.

De Brughs Auslegung ist die beste der Vermutungen über das versiegelte Buch. Nach seiner Erkenntnis ist es die *Rechts-urkunde zum Erbteil der Menschen* — eine Rechtsfolge der Sünde der Menschen, die durch das Opfer des Lammes erlöst sind. In diesem Buch wird schrittweise gezeigt, wie das Lamm das Erbe des Menschen aus der Hand seines unrechtmäßigen Besitzergreifers zurückgewinnt und das Königreich, das es sich selbst und seinen Auserwählten erkaufte, in Besitz nimmt. Es ist bezeichnend, dass die majestätische Schau im langen Leben des Johannes erst kam, als seine Augen überflossen im Bewusstsein seiner eigenen Unwürdigkeit. Sein Kummer vertiefte sich in der niederschmetternden Erkenntnis, dass die ganze Schöpfung seine eigene Unwürdigkeit teilte »... ich weinte sehr, dass niemand würdig erfunden ward,« — sittlich fähig, stark genug —, »das Buch aufzutun und zu lesen noch hineinzusehen.« (V. 4) Er teilte die Verlegenheit Gottes in seinem Handeln mit den Menschen, die sich nicht selbst erlösen können. Doch Gott hat seine eigene Lösung für diese Verlegenheit.

»Weine nicht«, sagt einer der Ältesten dem Johannes. Es nähert sich einer dem Thron. Besitzt denn dieser die notwendige Ausrüstung? Es wird Johannes gesagt, dass der Held der Löwe aus dem Stamm Juda sei. Als Johannes sich umwandte, um den schrecklichen Löwen zu sehen, erblickte er ein kleines, vom Blut des Opfertodes gerötetes Lamm. Christus ist als Löwe angekündigt, aber als Lamm geschaut. Die Erlösung ist durch sein Selbstopfer errungen und nicht durch seine Macht. Das Lamm wird zum Brennpunkt aller Augen, während es sich dem Thron nähert. Furchtlos ergreift es das Buch und bricht Siegel um Siegel. Das Lamm allein ist imstande, des Menschen verwirktes Erbteil zurückzuerobern, dessen Rechtsurkunde das Buch ist. Und seine Eignung? Fünf Wunden sind der Beweis dafür, dass er den Preis für das verlorene Erbe des Menschen bezahlte und damit die Handschrift, die gegen ihn lautete, vernichtete.

Dies ist ein eindrückliches Bild Christi — wie er noch im Himmel die Malzeichen seines Leidens und Sterbens und doch auch seine göttlichen Hoheitsrechte und Eigenschaften an sich trägt. Die sieben Hörner bezeichnen seine Allmacht und die sieben Augen seine Allwissenheit. Die sieben Geister, die über die ganze Erde zerstreut ausgesandt wurden, sind Sinnbild seiner Allgegenwart.

Während das Lamm die Rechtsurkunde an sich nimmt, brechen die versammelten Heerscharen in einen spontanen, unaufhaltsamen Lobgesang aus, der in drei Wellen zu einem Crescendo anschwillt. Zehntausend mal zehntausend und abertausend Engel sammeln sich zu den vier lebendigen Tieren und den vierundzwanzig Ältesten, die ihre Stimme zu einem Loblied erheben. Lauter und lauter schwillt das Lied an, bis »alle Kreatur, die im Himmel ist und auf Erden und unter der Erde und im Meer, und alles, was darinnen ist«, in das Lied der Schöpfung — in diesen triumphierenden Lobgesang — hineingezogen ist.

»Du bist würdig, zu nehmen das Buch und aufzutun seine Siegel; denn du bist geschlachtet und hast mit deinem Blut Menschen für Gott erkauft aus allen Stämmen und Sprachen und Völkern und Nationen und hast sie unserem Gott zu Königen und Priestern gemacht, und sie werden herrschen auf Erden.«

»Das Lamm, das geschlachtet ist, ist würdig, zu nehmen Kraft und Reichtum und Weisheit und Stärke und Ehre und Preis und Lob. Und jedes Geschöpf, das im Himmel ist und auf Erden und unter der Erde und auf dem Meer und alles, was darin ist, hörte ich sagen: Dem, der auf dem Thron sitzt, und dem Lamm sei Lob und Ehre und Preis und Gewalt von Ewigkeit zu Ewigkeit!« (Offb. 5,9-10.12-13)

»Die letzte Schau des Weltalls«, schreibt William Barcley, »ist ein Universum, das Christus preist, und es ist unser Vorrecht, unsere Stimmen und unser Leben diesem gewaltigen Loblied zur Verfügung zu stellen; denn dieses Lied bleibt unvollkommen, solange darin auch nur eine einzige Stimme fehlt.«

Die Anerkennung seiner Würde

Wir sind von Natur selbstsüchtige Wesen. Auch wenn wir zu Teilhabern der göttlichen Natur gemacht wurden, ist die Macht des alten Lebens noch so stark, dass wir gewöhnlich mehr Freude am Nehmen haben als am Geben. War nicht das Wort unseres Herrn: »Geben ist seliger als Nehmen« eine stille Zurechtweisung dieser Neigung? In unserem Verhältnis zu Gott sind wir immer die Nehmenden. Wir beginnen unser Leben als Gläubige im Empfangen der Vergebung und führen dieses Leben weiter im Annehmen des Reichtums der Gnade (Röm. 5, 17). Wir enden dieses Christenleben im Aufgenommenwerden in den Himmel. Dauernd erwarten wir Segnungen von Gott, und er freut sich darüber. Doch wir vergessen, dass er sich auch danach sehnt, zu bekommen, was nur wir ihm geben können.

Eigentlich können wir Christus nicht bereichern. Dennoch erfreut ihn nichts so sehr wie der spontane Ausdruck unserer Anerkennung der ihm gebührenden Würde. Und nichts bereichert uns selbst mehr, weil Gott dem Menschen seine Gegenwart vermittelt, während dieser ihn anbetet. C. S. Lewis schrieb in diesem Zusammenhang: »Um zu sehen, was die biblische Lehre wirklich meint, müssen wir uns den Zustand vollendeter Liebe zu Gott vorstellen — davon betrunken, darin ertrunken sein, aufgelöst in jener Wonne, die weit entfernt ist von der bestehenden Eingeschränktheit in uns selbst als Verschlossene — in bisher kaum geduldeter Seligkeit. Wiederum in mühelosem und vollkommenem Ausdruck unaufhaltsam von uns fließend ist unsere Freude nicht länger trennbar von dem Lob, in dem sie sich selbst befreit und ausdrückt, so wie der Glanz des Spiegels nicht trennbar ist vom Glanz, den er zurückwirft. Der schottische Katechismus sagt, dass des Menschen Ziel sei, Gott zu verherrlichen und sich seiner ewig zu erfreuen. Wir werden einst erkennen, dass diese zwei Begriffe dasselbe sind. Sich vollkommen freuen bedeutet Verherrlichung. Indem Gott uns befiehlt, ihn zu verherrlichen, lädt er uns ein, uns seiner zu freuen.«

Die Aussicht auf die Ewigkeit korrigiert einleuchtend die Auffassung der Heiligen, denn die unzählbare Schar singt wie eine einzige Stimme: »Das Lamm ... ist würdig, zu *nehmen*...« Dann folgt eine siebenfache Beschreibung der Würdigkeit. Diese sieben Eigenschaften sind im Griechischen in einem einzigen Artikel zusammengefasst, als müsste in einem einzigen herrlichen Wort alles eingeschlossen sein, was dem Lamm von Menschen oder Engeln gegeben werden kann.

Das siebenfache Lob

Das Lamm ist würdig, zu nehmen:

Macht

Die französische Nation erachtete Napoleon zur Entgegennahme unbegrenzter Macht würdig. Das deutsche Volk räumte Hitler unbeschränkte Macht ein. Beide Nationen entdeckten zu spät, dass ihr Vertrauen übel angebracht war. Sie erfuhren an sich selbst die Wahrheit der Behauptung Lord Actons: »Macht korrumpiert den Menschen. Unumschränkte Macht korrumpiert vollständig.« Diese Männer waren unwürdig, Macht übertragen zu bekommen oder sie auszuüben. Allein der Allbarmherzige ist unumschränkter Macht würdig. Die unauslöschbaren Malzeichen seines Leidens und Sterbens sind die Bürgen, dass die in seiner Hand liegende Macht nie missbraucht wird. Sie wird nie in Tyrannei oder Willkürlichkeit ausarten. Das Zepter weltumfassender Herrschaft liegt in seiner nageldurchbohrten Hand. Das Lamm ist würdig, Macht zu nehmen.

Reichtum

Obgleich Jesus zum Erben aller Dinge eingesetzt wurde, waren ihm während seines Erdenlebens keine Reichtümer gegeben. Im Gegenteil! Er wusste zuweilen nicht, wo er sein Haupt hinlegen sollte. Er ließ sich von den Frauen seiner Umgebung erhalten. So arm war er, dass ihm die um Geld spielenden Soldaten in seinem Sterben nur ein einziges Kleidungsstück als persönliches Eigentum überließen. Darum gebrauchte auch

Paulus seine gelegentliche Armut dazu, um die Korinther zur Freigebigkeit anzuspornen.

Wahrer Reichtum ist nicht Geld, sondern Sittlichkeit und Geist. »Liebe ist das Gold der Herrlichkeit.« Der ungeliebte Reiche ist bedauerlich arm. Das Armwerden unseres Herrn bedeutete für ihn das Aufgeben der Himmelsharmonie und das Hineinkommen in die irdische Uneinigkeit, der Verzicht auf die Anbetung durch die Engel und das Hinnehmen der menschlichen Bosheit. Das Lamm hat sich das Recht zur Annahme und Anwendung des wahren Reichtums erworben.

Weisheit

Nicht jeder Gelehrte ist ein Weiser. Weisheit ist mehr als Gelehrsamkeit. Weisheit besteht in der Fähigkeit, das Wissen richtig anzuwenden. Salomo betete in seiner Jugend um Weisheit, und sein Gebet fand Erhörung. »Und als die Königin von Saba die Kunde von Salomo vernahm, kam sie, um Salomo mit Rätselfragen zu prüfen. ... Und als sie zum König Salomo kam, redete sie mit ihm alles, was sie sich vorgenommen hatte ... und sprach zum König: Es ist wahr, was ich in meinem Lande von deinen Taten und von deiner Weisheit gehört habe. Und ich hab's nicht glauben wollen, bis ich gekommen bin und es mit eigenen Augen gesehen habe. Und siehe, nicht die Hälfte hat man mir gesagt. Du hast mehr Weisheit und Güter, als die Kunde sagte, die ich vernommen habe.« (1. Kön. 10, 1- 7) Christus dachte an diesen Ausspruch, als er von sich selbst sagte: »Siehe, hier ist mehr als Salomo.« Christus ist die Weisheit Gottes, der Ursprung und die Quelle aller wahren Weisheit (1. Kor. 1, 24). Sein unbegrenztes Wissen dient immer dem höchsten und heilsamsten Ziel. In seiner Erniedrigung brachten die Weisen ihm ihre Gaben. In seiner Erhöhung ist die Weisheit darin ausgedrückt, dass er die Krone der Weisheit auf seinem Haupt trägt. Das Lamm ist würdig, Weisheit zu nehmen.

Stärke

Moralische Stärke und physische Kraft sind nicht dasselbe. Simson besaß körperliche Kraft, jedoch keine moralische Stärke. Auch wenn er über große Körperkräfte verfügte, war er sittlich und geistlich schwach. Die sittliche Kraft ist die größte Stärke. Die Stärke des Lammes ist vollkommen. Jesus ist der Stärkere, der den Teufel überwand und den Raub austeilte (Luk. 11,22). Es gab keine persönliche Lage, mit der er nicht fertig geworden wäre. Er offenbarte nicht nur Stärke zur Leistung, sondern auch Stärke zum Ertragen. Angesichts unerhörter Prüfungen offenbarte er eine unvergleichliche geistliche Kraft. Wer erduldete je solchen Widerstand von Sündern? Er, der einst in Schwachheit und Schande gekreuzigt wurde, ist jetzt in Stärke und Majestät gekleidet. Wir stimmen mit den Engeln ein, dass ihm alle Stärke gebührt.

Ehre (Auszeichnung)

Im Gebiet der Kunst, der Literatur, Musik oder Wissenschaft, des Sports oder Krieges wird von vielen Menschen Ehre gesucht und diese hoch gewertet. Sie wird als gerechte Anerkennung geleisteter Dienste oder ausgezeichneter Leistungen erlangt. Doch wessen Vollkommenheit ist der vollendeten Erlösungstat des Lammes ebenbürtig? Dieses hat die Menschen aller Geschlechter und Zungen und Völker und Heiden vom Verderben erlöst. Es ist wahr, dass Jesus Christus auf der Erde die tiefsten Tiefen der Erniedrigung, des Sterbens zwischen zwei Verbrechern, auskostete. Es ist wahr, dass er sich weigerte, Ehre von Menschen zu nehmen (Joh. 5,41). Doch freut sich ein Universum, ihm die Ehre zu erweisen, die zu nehmen er würdig ist.

Herrlichkeit

Dieses Wort ist leichter zu veranschaulichen als auszulegen. Es ist etwas, das Gott allein gehört. Es schließt die Begriffe von Pracht, Glanz und Ruhm in sich zusammen. Die Mittagssonne blendet uns durch den Glanz ihrer Pracht. »Wir sahen seine Herrlichkeit«, schreibt Johannes über seine Schau des Christus auf dem Berg der Verklärung, »als sein Angesicht leuchtete wie die Sonne und seine Kleider weiß wurden wie ein Licht« (Matth.

17, 2). Petrus berichtet über dasselbe Erlebnis: »Wir haben seine Herrlichkeit selber gesehen.« (2. Petr. 1, 16) Johannes sah Christus auf der Insel Patmos als einen, dessen »Angesicht leuchtete wie die Sonne« (Offb. 1, 16).

Johannes sollte in einer andern Vision die Sonne sehen, wie sie verblasste vor der erhabenen Herrlichkeit des Lammes, denn im himmlischen Land bedarf »die Stadt keiner Sonne noch des Mondes, dass sie ihr scheinen. Denn die Herrlichkeit Gottes erleuchtet sie, und ihre Leuchte ist das Lamm« (Offb. 21, 23). Das Lamm ist würdig, zu nehmen Herrlichkeit.

Preis

Lob bedeutet Anerkennung. Es liegt darin ein Wunsch oder ein Gebet um Glück und Erfolg, aber auch der Wille, erhaltenen Segen zurückzuerstatten. »Es ist die einzige Gabe, die wir Nichtsbesitzenden dem geben können, der alles besitzt.« Den Herrn zu preisen, ist das Wenigste, was wir tun können, um für empfangenen Segen zu danken. Obschon wir das Lamm nicht bereichern können, erfreuen wir sein Herz, wenn wir seinen Namen preisen. So beschränkt unsere Vorstellung von seiner Herrlichkeit sein mag, so stimmen wir doch in das Loblied des Psalmisten ein: »Lobe den Herrn, meine Seele, und was in mir ist, seinen heiligen Namen.« (Ps. 103, 1)

Aber so großherzig ist das Lamm, dass es unsere Beschreibung seiner sieben Eigenschaften nicht nur gnädig entgegennimmt, sondern diese mit all denen teilen will, die mit ihm durch den Glauben und die Liebe vereint sind. Alles, was Christus ist, ist er für uns. Alles, was er hat, teilt er mit uns. Schreiben wir ihm Macht zu, dem »gegeben ist alle Gewalt im Himmel und auf Erden«, dann versichert er uns: »Sehet, ich habe euch Macht gegeben ... über alle Gewalt des Feindes.« (Luk. 10, 19) Oder Reichtum? »... ob er wohl reich ist, ward er doch arm um euretwillen, auf dass ihr durch seine Armut reich würdet.« (2. Kor. 8, 9) Oder Weisheit? »Von ihm kommt auch ihr her in Christus Jesu, welcher uns gemacht ist von Gott zur Weisheit.« (1. Kor. 1, 30) Oder Stärke? »Ich vermag alles durch den, der mich

mächtig macht, Christus.« (Phil. 4,13) Oder Herrlichkeit? »Ich
habe ihnen gegeben die Herrlichkeit, die du mir gegeben hast.«
(Joh. 17,22) Oder Segen? »Der uns gesegnet hat mit allerlei
geistlichem Segen.« (Eph. 1,3) »Lobe den Herrn, meine Seele!«

Die Gründe zu dieser Beschreibung

Das Lamm nimmt keine Ehre an, die es nicht verdient, und dieses Kapitel gibt solide Gründe für den siebenfachen Ausdruck
unserer Anbetung. Der verstorbene Dr. F. B. Meyer nennt fünf
Gründe, die uns zur Anbetung veranlassen.

Seine Souveränität

»Und ich sah, und siehe, mitten zwischen dem Stuhl und den
vier Tieren und zwischen den Ältesten stand ein Lamm.« (V. 6)
Es saß nicht, sondern regierte sein Königreich stehend. Hier ist
die Erfüllung von Hebräer 2,9: »Den aber, ... Jesus, sehen wir
durchs Leiden des Todes gekrönt mit Preis und Ehre.« Nicht länger ist er mit Dornen gekrönt, von den Menschen verachtet und
verschmäht. In ihm hat die Menschheit den Thron des Alls
erreicht und übt weltweite Macht aus.

Sein Charakter

»... ein Lamm und hatte sieben Hörner und sieben Augen.«
(Offb. 5,6) Kein Sinnbild kommt in der Bibel so häufig vor wie
dieses, und kein anderes ist so voll heiliger Bedeutung. Das Wort
»Lamm« findet sich in der Heiligen Schrift mehrfach, doch in keinem andern Buch der Bibel außer der Offenbarung ist es auf
Christus angewandt. Es bedeutet Zartheit, das zarte Verhältnis
zwischen Christus und den Seinen, wie das geopferte Lamm
einst zwischen Gott und den Menschen stand. So ist unser Verhältnis zu ihm. »Er ist das kostbare Lamm, wir sind seine lieben
Männer, eins mit ihm.« (Jamieson) Obgleich in Majestät und
Herrlichkeit gekleidet, ist das Lamm nicht ein Gegenstand der
Furcht. Wenn es sieben Hörner hat (Sinnbild seiner vollkommenen Herrschaft über die Welt), hat es auch sieben Augen als

Hinweis auf die wachsame Sorgfalt und weise Fürsorge seines Geistes für sein Volk. Im Lamm ist eine erhabene Verbindung von Demut und Majestät, Gnade und Macht vereinigt.

Sein Sieg

»Es hat überwunden, der da ist vom Geschlecht Juda ... aufzutun das Buch und zu brechen seine sieben Siegel.« (Offb. 5,5) Christus lehnte es ab, einfach König zu sein auf Grund seines königlichen Rechtes oder der ihm angebotenen Macht als Gottessohn. Er will seine Krone als Menschensohn erwerben und tragen. Als er herabstieg und die Gestalt eines Kindes annahm, füllte er den Raum mit den Herrlichkeiten, die er bei seinem Abstieg ablegte.

Und als er in den Strom der Menschheit hineinkam und alle unsere nicht sündhaften Gebrechen teilte, kämpfte er sich Schritt um Schritt zurück zum Thron. Auf jedem dieser Schritte wurde er vom Fürsten der Finsternis und dessen Heerscharen angefochten. Er ließ sich ins Grab legen, »aber er schlug den Tod durch sein Sterben«. Am dritten Tag entstieg er dem Grabe, und an seinem Gürtel hingen die Schlüssel des Totenreiches und der Hölle. Er besiegte ein für alle Mal jede Macht des Bösen.

Sein Opfer

»Du bist würdig, zu nehmen das Buch und aufzutun seine Siegel; denn du bist geschlachtet und hast mit deinem Blut Menschen für Gott erkauft aus allen Stämmen und Sprachen und Völkern und Nationen.« (V. 9) »Nicht der Löwe aus Juda«, schrieb W. M. Clow, »nicht das Lamm in seiner Unschuld und unentstellten Schönheit ist es, das das fest verschlossene Buch nimmt und die Siegel aufbricht, sondern das geschlachtete Lamm. Es ist Christus an und bei seinem Kreuz, der das Buch Gottes auftut, den Inhalt auslegt und die verborgenen Geheimnisse der Vorsehung und Gnade in vollem Licht enthüllt zeigt.«

Inmitten der Herrlichkeit Gottes ist der gekreuzigte Christus der Mittelpunkt. Es wird uns nie erlaubt zu vergessen, dass wir nicht mit schimmerndem Silber oder glänzendem Gold erlöst sind, sondern mit dem kostbaren Blut. Die Strafe über Adam lautete: »Du sollst des Todes sterben.« Diese Strafe wurde im letzten Adam aufgehoben: »Du bist geschlachtet.« Sein teures Opfer war der Höhepunkt seiner Herrlichkeit, und um dieses Opfers willen betet alle Welt in nie endendem Lobgesang das Lamm an.

Seine Leistung

»Du hast sie unserem Gott zu Königen und Priestern gemacht, und sie werden Könige sein auf Erden.« (V. 10) Als Opferlamm erlöste er uns von Schuld und Folgen der Sünde. Als siegreicher Löwe bekämpfte er Satan, überwand und entwaffnete ihn. Er besiegte Sünde, Tod und Hölle. Er gewann seinen Thron zurück; doch will er ihn nicht allein einnehmen. Er will ihn mit denen teilen, die er erlöst hat. Darum macht er aus den Seinen Könige und Priester — jeden Einzelnen zu einem König, der mit ihm regiert; jeden zu einem Priester, der zum ständigen Darbringen von Lob- und Dankopfern geweiht ist. Kein Wunder, dass sie ein neues Lied sangen, als das geschlachtete Lamm das Buch nahm und die Siegel zerbrach; ein Lied, in das auch wir einstimmen können und müssen: »Du bist würdig...«

Kapitel 10

Christi Fürbitte dauert noch an

»Darum lebt er immer und bittet für sie.« (Hebr. 7,25)

Lesetext: Hebr. 5,1-6; 7,20-8,1

Ohne die unvollendete Aufgabe Jesu — als Fürsprecher zur rechten Hand Gottes — hätten uns die Vorrechte seines vollbrachten Werkes am Kreuz nie erreicht. Die unermessliche Bedeutung jenes vollbrachten Werkes kann gemessen werden am scheinbar unverhältnismäßig großen Raum, den die mit seinem Sterben verbundenen Geschehnisse in den Evangeliumsberichten einnehmen. Doch das kostbare Golgatha-Geschehen wäre ein totes Werk geblieben ohne den Heiligen Geist von Pfingsten, der herabgesandt wurde, und ohne die Gegenwart des Herrn im Himmel. Sein Dienst der Fürbitte im Himmel ist der Schlussstein zu seinem vollendeten Werk auf Erden.

Das Menschenherz, sei es ein heidnisches oder zivilisiertes, hat sich immer nach einem Priester, einem Mittler gesehnt, der den Menschen vor Gott vertreten könnte. Die Menschen auf der ganzen Erde scheinen von dem Gefühl beherrscht zu sein, wonach es einen Gott gebe, der beleidigt worden sei und nun versöhnt werden müsse. Instinktiv fühlt jeder, dass der, der im Stande wäre, das Verhältnis zwischen Mensch und Gott in Ordnung zu bringen, ein Wesen sein sollte, das Mitleid mit der menschlichen Schwachheit empfinden und doch einen besonderen Einfluss auf Gott ausüben könnte. Am Anfang der Menschheitsgeschichte klagte Hiob: »Es ist zwischen uns kein Schiedsmann, der seine Hand auf uns beide lege.« (Hiob 9,33) Diesem Verlangen kamen die Priesterordnungen entgegen, die den Menschen vermittelnd vor Gott vertreten sollten. Das menschliche

Priesterwesen erreichte seinen Höhepunkt im Judentum. Doch wie unvollkommen war diese Priesterschaft! Einzig in Christus, dem großen Hohenpriester, findet dieses tief eingewurzelte Verlangen der Menschheit vollkommene Befriedigung.

Seine Eignung als Hoherpriester

Es gab zwei unerlässliche Voraussetzungen zum jüdischen Hohenpriester. Er musste Gemeinschaft mit dem Menschen haben, mit ihm durch allgemeine Menschheitsbande verbunden sein. »... einen Hohenpriester ... gleichwie wir.« (Hebr. 4,15) Nur so konnte er mit jenen Mitleid haben, die er vertreten sollte. Er müsste ein Empfinden für sie haben, das weder zu nachgiebig noch zu streng wäre. Mitleid ist wesentlicher Bestandteil der Priesterschaft.

Doch menschliche Fähigkeiten, obgleich notwendig, sind nicht ausreichend für ein solch schweres und erhabenes Amt. Der Hohepriester muss für seinen Dienst auch Vollmacht von Gott haben. Die Ernennung muss die göttliche Zustimmung haben. »Niemand nimmt sich selbst die Ehre, sondern er wird berufen von Gott gleichwie Aaron.« (Hebr. 5,4)

Entspricht Christus diesen Forderungen? Er wurde Mensch, damit er der Menschheit helfe. Er ist wirklich in allen Dingen den Brüdern gleich geworden (Hebr. 2,17). Er kam als Arbeiter, nicht als König, und teilte die Bitterkeit der Armut und die Last der Sorge, damit seine Gleichstellung mit den Menschen vollkommen sei. Er freute sich der Höhen der Beliebtheit bei den Menschen und litt unter der Vereinsamung. Doch in all diesem war ihm von Gott Vollmacht geschenkt. Er hatte sich nicht selbst erwählt und sich nicht selbst in die Ehre gesetzt, »sondern er wird berufen von Gott ... der zu ihm gesagt hat: Du bist mein Sohn ... du bist ein Priester in Ewigkeit...« (Hebr. 5,5-6)

Christus ist sittlich und geistlich dazu befähigt, sein Priesteramt der Fürbitte auszurichten. »Er lebt immerdar und bittet für sie ... der da wäre heilig, unschuldig, unbefleckt, von den Sündern abgesondert und höher, denn der Himmel ist.« (Hebr. 7, 25-26) Er kam heilig in diese Welt und lebte ein heiliges Leben. Das Wort »heilig« beschreibt einen Menschen, der treu und genau Gottes Befehle ausführt. Am Ende seines Lebens bezeugt Jesus von sich: »Ich habe dich verklärt auf Erden und vollendet das Werk, das du mir gegeben hast.« (Joh. 17,4) Er war arglos, ohne Falsch, betrog oder schadete keinem Menschen und war deshalb vollkommen zuverlässig. Er war unverdorben, fleckenlos, frei von jedem Fehler, der ihm das Nahen zu Gott unmöglich gemacht hätte. Er war getrennt von den sündigen Menschen, doch nicht körperlich, denn er lebte unter ihnen. Er war ganz anders als sie, denn während er dem ganzen Ansturm der Versuchungen ausgesetzt war, unterlag er keiner und kam siegreich aus diesen hervor. Er war höher als der Himmel erhoben und »hat sich gesetzt zur Rechten der Majestät Gottes in der Höhe«.

Seine Fähigkeiten als Hoherpriester

In diesem Amt als Hoherpriester verdient Christus dreifache Ehre:

Er kann helfen

»Daher musste er in allem seinen Brüdern gleich werden, damit er barmherzig würde und ein treuer Hoherpriester vor Gott, zu sühnen die Sünden des Volkes. Denn worin er selber gelitten hat und versucht worden ist, kann er helfen denen, die versucht werden.« (Hebr. 2,17-18) Weil Jesus selbst Mensch war, kann er dem Menschen auf der Ebene seiner Not begegnen. Wir sind zwar bereit, denen zu helfen, die uns um Hilfe bitten, doch so oft sind wir betrübt über unser Unvermögen. Unser Hoherpriester kennt keine solchen Beschränkungen. Es sollte beachtet werden, dass seine Fähigkeit zur Hilfe nicht nur in bloßem Erbarmen, sondern im teuren Opfer für unsere Sünden begründet ist. Weil er gelitten und sich für unsere Sünden geopfert hat, kann er uns in unseren Versuchungen helfen und wird mit unseren Sünden und unserem Widerstand fertig.

Er kann Mitleid empfinden

»Wir haben nicht einen Hohenpriester, der nicht könnte Mitleiden haben mit unseren Schwachheiten.« (Hebr. 4,15) Nie hat er Gefallen an unseren Sünden oder entschuldigt sie. Er verurteilt sie. Sünde zerstört immer die Gemeinschaft mit Gott. Darum benötigt der sündige Mensch einen Fürsprecher, der den Weg zur Wiedergutmachung offen hält. Weil Jesus die Strafe der Sünde getragen und das Gericht auf sich genommen hat, kann er das Herz auf dessen Bekenntnis hin reinigen.

Gebrechen und Schwachheiten sind keine Sünden (obgleich sie leicht in Sünden ausarten können), aber gerade durch sie kann unser Herr mitfühlen. Zuneigung befähigt uns, die Erlebnisse des Nächsten zu verstehen, als wären es die eigenen. Sie erreicht die größte Kraft, wo jemand dasselbe erlebt hat. Weil Jesus in allem versucht wurde wie wir und die schwere Last der Sünde in seinem eigenen Geist erlebt hat, ohne ihren Lockungen nachzugeben, kann er alle Erlebnisse jener verstehen, die durch die Feuer der Prüfungen gehen müssen.

Er kann retten

»Darum kann er auch selig machen immerdar, die durch ihn zu Gott kommen, und lebt immerdar und bittet für sie.« (Hebr. 7, 25) Weil er auf diese Weise als unser Mittler und Hoherpriester ewig lebt, kann er die Erlösung für alle Menschen, die sich ihm nahen, zur Vollkommenheit bringen. Der Wert der gegenwärtigen Spannung weist hin auf »ein dauerndes Erlebnis, das aus einem fortlaufenden Ausüben entsteht«. »Er vermag jene zu erretten, die ständig zu ihm kommen — mit anderen Worten: jene, die sich daran gewöhnt haben, sich Gott zu nahen.« (A. M. Stibbs)

Erretten ist ein viel sagendes Wort, und die Heilige Schrift bedient sich seiner in verschiedenen Bedeutungen. Im Matthäus-Evangelium ist das Wort in vier verschiedenen, doch nahe verwandten Bedeutungen angewandt: »Er wird sein Volk selig machen von ihren Sünden« (1,21); Errettung aus Gefahr (8,25);

Errettung von Krankheit (9,2); Errettung vom Gericht Gottes (10,22b; 24,13). Ein Ausleger meint, dass Errettung sich im Römerbrief auf Tod, Hölle, Gericht beziehe und im Hebräerbrief eine Erlösung aus den Anfechtungen in und um uns her gemeint sei. Unser Fürsprecher kann uns völlig im wahrsten Sinne dieses Wortes erretten. Es gibt kein persönliches Problem, für das er keine Lösung hat; keine Sünde, von der er nicht befreien könnte; keinen Feind, von dem er sein vertrauendes Kind nicht erlösen könnte. Und warum? Weil »er immerdar lebt und für sie bittet«. Durch sein vollkommenes und vollendetes Sühnopfer ist er als Fürsprecher und Mittler durch den Vorhang hineingegangen in die Gegenwart des Vaters.

Eine Veranschaulichung seiner Fürsprache

»Jesus Christus gestern, heute und derselbe auch in Ewigkeit.« (Hebr. 13,8) Wenn es so ist, dann können wir viel lernen von seinem Mittleramt in den Tagen seines Menschseins. Ist es ohne Bedeutung, dass die meisten seiner Gebete fürbittenden Charakter tragen? Die einzige erwähnte Bitte, in der er ein persönliches Anliegen vorzog — dass der bittere Kelch an ihm vorüberginge —, wurde — dem Herrn sei Dank dafür! — nicht erhört. Die einzige Gelegenheit, bei der er seinen Willen im Gebet behauptete, war, dass wir bei ihm seien und »seine Herrlichkeit sähen.« (Joh. 17,24) Alle seine andern Gebete sind fürbittender Art.

Lukas erwähnt die herzbewegenden Worte an Petrus: »Simon, Simon, siehe der Satan hat euer begehrt (Mehrzahl: ihr, alle Jünger), dass er euch möchte sichten wie den Weizen; ich aber habe für dich gebeten, dass dein (Einzahl: Petrus) Glaube nicht aufhöre.« (Luk. 22,31-32) Welch eine ermutigende Zusage im Lichte des bevorstehenden Erlebens! Durch die Fürbitte blieb Petrus später fest im Glauben. Es war Fürbitte für eine kommende Not, von der der Betroffene noch nichts ahnte. Petrus wusste noch nicht, dass er schon bald einem heftigen Angriff Satans ausgesetzt sein würde. Er versagte zwar im Erleben; doch sein Glaube wankte nicht. Bei dieser Gelegenheit wies Jesus auf sein späteres Amt als Fürsprecher für die Seinen hin.

Es ist von ungeheurer Bedeutung, dass zwei verschiedene Worte angewendet werden, um Christi Amt als Fürsprecher zu beschreiben. Das Erste ist durch die eben ausgeführte Begebenheit erklärt. Paulus sagt: »... Christus ... der für uns eintritt.« Der hier gebrauchte Ausdruck ist eine bildhafte Bezeichnung der Befreiung eines Menschen, den man in Schwierigkeiten antrifft. Sie schließt den Gedanken des unaufgeforderten Sichanbietens in sich. Wenn die Not es erfordert, dann kommt er, »der weder schläft noch schlummert«, uns unaufgefordert zu Hilfe wie damals bei Petrus. Das andere Wort steht in 1. Johannes 2,1: »So haben wir einen Fürsprecher bei dem Vater, Jesus Christus, der gerecht ist«, ein Gleichnis von einem Helfer, der als Antwort auf einen Ruf in Not oder Gefahr kommt. Er kommt auf unser Rufen hin, vertritt unsere Sache vor dem Vater und »führt alles herrlich hinaus«. Darum, ob unsere Not eine bewusste oder unbewusste ist, lebt er und vertritt uns im Gebet.

Die Grundlage seiner Fürbitte

Die Fürbitte Christi gründet sich auf sein Opfer am Kreuz. Das »Es ist vollbracht« auf Golgatha legte den Grund zu seinem unvollendeten Werk der Fürbitte, das so klar vorgeschaltet ist im levitischen Versöhnungstag (3. Mose 16). Einmal im Jahr begab sich der Hohepriester mit Blut und Weihrauch ins Allerheiligste hinein. Das Blut sprengte er über den Gnadenstuhl, den Weihrauch verbrannte er vor dem Herrn auf den Kohlen seines Weihrauchfasses. Ebenso ging unser großer Hoherpriester bei der Himmelfahrt durch den Vorhang hinein mit dem Blut seines Opfers, umgeben vom Wohlgeruch eines in unbedingter Abhängigkeit von Gott gelebten Lebens als süßer Wohlgeruch. Dies war der Höhepunkt seiner Menschwerdung. Weil der noch immer unsere Menschlichkeit tragende Gott-Mensch uns vor dem Vater vertritt, sind wir durch unser Einssein mit ihm angenommen und dürfen uns Gott in heiligem Vertrauen nahen. In Christi Gegenwart haben wir einen unwiderlegbaren Fürsprecher.

Die Art seiner Fürbitte

»Es ist unnötig, zu fragen, wie er im Kleinen für uns in dieser Weise handelt«, schrieb Bischof Moule. »Die Hauptsache in dieser Angelegenheit ist seine Einheit mit den Seinen und seine dauernde Gegenwart in jener Verbindung mit dem Vater als das einstmals geschlachtete Lamm.«

In unserem Denken ist die Fürsprache oft verbunden mit tränenreichem Bittgebet oder schmerzvollem Flehen. Sie wird fälschlicherweise oft als eine Möglichkeit zum Überwinden einer scheinbaren Zurückhaltung Gottes verstanden. Doch solche Gedanken sind der Fürsprache Christi fremd. Er kommt nicht als Bittender vor einen Gott, der zur Gewährung der gewünschten Wohltat überredet werden muss. Er kommt als unser Advokat, nicht um Gnade für uns zu erbitten, sondern die Gerechtigkeit für uns zu beanspruchen, auf die wir Anrecht haben durch den Wert seines Opfers, das er für uns am Kreuz gebracht hat — vor einen Gott, der »treu und gerecht ist, dass er unsere Sünden vergibt«.

Seine Fürsprache ist nicht hörbar

Sie ist kein vernehmbares Aussprechen von Gebeten. Aaron sprach kein einziges Wort während seines Amtes als Fürsprecher. Die Stille des Allerheiligsten wurde nur unterbrochen durch das Klingeln der goldenen Glöcklein am Saum seines Gewandes. Am Versöhnungstag redete das Blut, nicht Aaron. Es ist die Gegenwart des Mittlers, der an seinem Leib den Beweis seines Sieges trägt, der für uns spricht.

Amintas wurde der Verbrechen gegen das Römische Reich überführt und wegen Hochverrats verurteilt. Als sein älterer Bruder, der im Dienst für sein Land einen Arm verloren hatte, von Amintas schlimmer Lage hörte, eilte er in den Gerichtshof.

Er stürzte mit aufgehobenem Armstumpf in den Gerichtssaal, suchte die Augen des Richters auf diesen zu lenken und rief: »Amintas ist schuldig, aber um Aeschylus' willen soll er frei sein!« Und der Richter sprach den Bruder frei.

In gleicher Weise weist unser Mittler die Beweise seines Opfers vor, und der Richterspruch über uns lautet: »Sie sind schuldig, doch um meines Sohnes willen sollen sie frei ausgehen.«

Seine Fürbitte ist eine dauernde, denn er vertritt uns ständig vor Gottes Thron. »Er vertritt uns jetzt vor Gott.« Jesus starb am Kreuz und erwarb für uns die Erlösung. Er lebt vor dem Thron und erhält uns in der Erlösung. Liegt hier nicht die Bedeutung der Aussage: »Wir werden selig werden durch sein Leben, so wir nun versöhnt sind« (Röm. 5,10)? Wir könnten als Gläubige nicht einen einzigen Tag bestehen, wenn er nicht für uns lebte, um uns all das mitzuteilen, was zum Leben und einem gottwohlgefälligen Wandel notwendig ist.

Er nimmt unsere Gebete entgegen und bringt sie vor Gott

Er vermischt den Wohlgeruch seiner eigenen Verdienste mit unseren unvollkommenen Bitten. »Und ein anderer Engel kam und trat an den Altar und hatte ein goldenes Räuchergefäß; und ihm wurde viel Räucherwerk gegeben, dass er es darbringe mit den Gebeten aller Heiligen auf dem goldenen Altar vor dem Thron.« (Offb. 8,3) Die Gebete aller Heiligen, die durch die Gedanken und das Herz dessen gehen, der in ständiger Harmonie mit dem Willen und den Zielen des Vaters ist, macht er zu den seinigen und trägt sie dem Vater vor. Unsere Glaubensgebete steigen nicht allein auf, sie sind eingetaucht in seine Verdienste und darum äußerst wirkungsvoll.

Seine Fürsprache ist eine persönliche

»Er lebt immerdar und betet für uns.« Dies ist sein persönliches gegenwärtiges Amt. Er überträgt es nicht einem Engel Gabriel. Er richtet es selbst aus. Er ist nie zu beschäftigt, dass er sich nicht persönlich um unsere Belange kümmern könnte. Wie auf Erden, so sorgt er auch im Himmel für uns.

Wir sind ständig seiner Fürbitte bedürftig. H. de Vries schreibt in diesem Zusammenhang: »Unter einigen Gläubigen herrscht die Meinung, die Fürbitte unseres Herrn sei nur nötig, wenn wir uns in äußerster Not oder Gefahr befänden, wie Petrus damals, als Satan ihn wie den Weizen sichten wollte, weil Jesus dort für ihn bat, dass sein Glaube nicht aufhöre. Und diese Gläubigen hätten Recht, wenn die Fürbitte unseres Herrn eine Feuerwehrstelle wäre, die nur um Hilfe angerufen wird, wenn das Haus in Flammen steht. Tatsache ist, dass unser Haus ständig brennt und wir darum immer seiner Fürbitte bedürfen. Es gibt keinen Moment, in dem wir nicht in Not oder Gefahr stehen, und darum lebt unser Herr immerdar und bittet für uns. Er hört nie auf, für uns zu beten, und sein Eintreten für uns findet immer Erhörung. Der Grad unserer Bedürftigkeit und Hilflosigkeit ist die einzige Beschränkung für sein Eintreten für uns.«

Welch ein Vertrauen sollte uns das Wissen um die Tatsache geben, dass unser großer Hoherpriester, der unsere Schwachheit kennt und mit uns fühlt, der alle Phasen des menschlichen Lebens durchlebte, in diesem Augenblick in der Gegenwart Gottes für uns lebt, uns in der Versuchung bewahrt, im Leid tröstet und in der Schwachheit beisteht! Das Bewusstsein dieser herrlichen Wahrheit trieb den Schreiber des Hebräerbriefes, seine Abhandlung über die Hohepriesterschaft in die Worte zusammenzufassen:

»Das ist nun die Hauptsache bei dem, wovon wir reden: Wir haben einen solchen Hohenpriester, der da sitzt zur Rechten des Thrones der Majestät im Himmel und ist ein Diener am Heiligtum...« (Hebr. 8,1-2) Das ist ein Amt, das so lange fortdauert, solange wir dessen bedürftig sind.

Kapitel 11

Christi Charakterideal fordert heraus

»Selig sind, die da geistlich arm sind.« (Matth. 5,3)

Lesetext: Matth. 5, 1-11

In scharfem Gegensatz zu dem Donnern und den Schrecken des Gesetzes beginnt das Grundgesetz des Königreiches Christi mit einer Seligpreisung. Gesegnetsein, Seligsein ist die Schlüsselnote. Und doch führt der Weg zu diesem Gesegnetsein seine Nachfolger durch eigenartiges und unerwartetes Land. In einigen knappen und lebendigen Wortbildern umschreibt Jesus das Leben, ein Ideal, das ein Widerschein seines überaus anziehenden Lebens war, wie er es den Menschen vorlebte. Er war in dieser scharfen und eindringlichen Predigt sowohl Verkörperung als auch Vorbild seiner erhabenen Lehre.

Jesus war alles, was der Begriff Gesegnetsein in sich schließt. Er war der im ersten Psalm Gesegnete, und darum konnte er den Wert und die Haltung offenbaren, die dieses Gesegnetsein ergeben. Wie weit weichen doch diese von unseren Erwartungen ab! Er bietet Armut, Leid, Hunger, Durst, Schmach, Verfolgung an. Da muss bestimmt ein Fehler vorliegen, denn wie sollte dies alles Gesegnetsein bedeuten?

Es wird allgemein angenommen, dass Gesegnetsein mit dem Besitz von Reichtümern zusammenhänge oder die Abwesenheit jedes Leides bedeute, jeder Wunsch in Erfüllung gehe und uns zugesichert sei, dass jedermann gut von einem rede und man immer gut behandelt werde. Die Lehre Christi durchschneidet diese allgemeine Auffassung von Glücklichsein und weist darauf hin, dass ausgerechnet die Erlebnisse, denen wir unter allen Umständen ausweichen wollen, uns in die tiefste Freude hineinführen, nach denen wir uns deshalb am meisten ausstrecken sollten.

»Gesegnetsein« ist ein Wort, das durch seinen Gebrauch im Neuen Testament veredelt wurde. Es bedeutet im Griechischen »etwas Gutes sagen« und ist unserem Wort »Glücklichsein« gleich. Ursprünglich wurde es für griechische Götter und Menschen angewendet, doch bezog es sich auch vielfach auf äußeren Wohlstand. Jesus gab dem Wort eine neue Tiefe, indem er den Sinn von geistlichem Wohlstand hineinlegte, der die Frucht eines reinen Charakters und einer klaren Werteinschätzung ist. Das Wort wurde verschieden übersetzt, wie: »beneidenswert, beglückwünschenswert, überaus glücklich sein, beneidenswert begünstigt sein, geistlich reich sein, strahlend fröhlich sein«.

Von den acht Eigenschaften mit ihren Belohnungen, die er aufzählte, beziehen sich die ersten vier auf unsere Haltung Gott und die letzten vier auf unsere Haltung unseren Mitmenschen gegenüber. Die erste Gruppe nennt passive Fähigkeiten, die zweite aktive, in Beziehung zum anderen Menschen.

Ein Gefühl der Unzulänglichkeit

»Selig sind, die da geistlich arm sind; denn das Himmelreich ist ihr.« Beachte: geistlich arm, nicht arm an Geist! Nicht einfach schüchtern, sondern Bettler im Geist. Ein solcher Mensch entbehrt allen Selbstvertrauens. Es bleibt kein Hauch vom Vertrauen auf sich selbst. Er betrachtet sich selbst als unwichtig. Mit Paulus bezeugt er: »Ich weiß, dass in mir ... nichts Gutes wohnt.«

Ein schottischer Theologe pflegte zu sagen: »Du zuerst, ich folge nach.« Einmal begrüßte ihn begeisterter Beifall, als er sich der Plattform näherte. Er trat beiseite, ließ den hinter ihm gehenden Mann vorangehen und klatschte mit. Er dachte nicht im Entferntesten daran, dass der gespendete Beifall ihm selbst gelten könnte. Dies ist das Bild eines Gesegneten.

Es ist bezeichnend, dass es zwei Ausdrücke gibt für »arm«.

Der eine bezieht sich auf einen Arbeiter, der durch seine Umstände arm ist, der andere auf einen Bettler, der die Armut
selbst wählte. Der Arbeiter kennt keinen Überfluss, der Bettler
besitzt überhaupt nichts. Das letztere Wort deutet auf geistlichen Mangel hin, und dieser Ausdruck muss hier angewendet
werden. Ein Bettler im Geist, ganz auf Gottes Gnade angewiesen zu sein, ist eine erstrebenswerte Einstellung. Der Weltmensch ist stolz auf seine Unabhängigkeit und sein Selbstvertrauen. Der Gesegnete bekennt wie sein Meister: »Ich vermag
nichts zu tun.« Die allgemeine Einstellung des Bettlers ist in
Apg. 3, 5 ersichtlich. »Er sah sie an, wartete, dass er etwas von
ihnen empfinge.« In diesem Menschen ist der Stolz gebrochen,
und sein Gefühl der Unzulänglichkeit für die Bedürfnisse des
Lebens, sein Wissen um seine leeren Hände treibt ihn zu den uneingeschränkten Vorräten Gottes hin. Seine Einstellung steht in
scharfem Gegensatz zu dem, dessen sich die Laodizäer rühmten:
»Ich bin reich und habe gar satt und bedarf nichts.« Eine solche
Armut führt unweigerlich zu geistlichem Überfluss. Obgleich
arm, macht der Gesegnete doch viele reich. Er mag nach irdischen Urteilen kein Erfolgreicher sein; doch erfreut er sich des
himmlischen Königreichs.

Ein Gefühl der Zerknirschung (Reue)

»Selig sind, die da Leid tragen; denn sie sollen getröstet werden.«
Nicht das Leid an sich ist ein Segen, sondern der Trost, den Gott
dem Leid tragenden verleiht. Wo kein Leid ist, kann Gott nicht
trösten. »Der Mensch, der kein Leid kennt, ist unvollkommen;
eine Seite seines Wesens ist unentwickelt geblieben«, schreibt
Erzbischof Harrington Lees. Das Glück der Evangeliumsbotschaft liegt darin, dass sich diese erwiesenermaßen wirksam mit
dem allgemein erfahrenen Leid abgibt und das Öl der Freude zur
Trauer schenkt. Dies ist Christi ursprüngliches Handeln. Seine
letzte Zusage lautet: »Weder Leid noch Geschrei.«

Das Wort »Leid tragen« meint ein Trauern, das im Herzen

beginnt, den ganzen Menschen erfüllt und sich nach außen zeigt. Die besondere Form des Trauerns, die in diesem Ausdruck gemeint ist, bedeutet ein Leidtragen über geistliches Versagen oder vollbrachte Sünde. Das Gefühl geistlicher Armut, Lausein gegen Gott, Entferntsein von ihm, Christus nicht ähnlich sein, führt unweigerlich zu Trauer und Reue. Der prahlerische und selbstgenügsame Pharisäer trauerte nicht; er schlug weder in sich wie der reumütige Zöllner, noch erfreute er sich des Erlebnisses der Rechtfertigung. Der verlorene Sohn gab zuerst seine erbärmliche Armut zu: »Ich verderbe vor Hunger«, dann stellte er sich in aufrichtiger Reue zu seiner Sünde: »Vater, ich habe gesündigt.« Erst als Hiob eine Gottesschau hatte, sagte er in tiefer Selbstverachtung: »Ich verabscheue mich selbst und tue Buße in Staub und Asche.« Er trug Leid über das, was hätte sein können, wenn er nicht selbstzufrieden gewesen wäre.

Das Besondere am Leidtragen ist, dass es nicht vereinbar ist mit Sich-freuen. Paulus aber behauptet von sich, er trage Leid; doch freue er sich allezeit. Die Freude des Trostes, die Gott dem zerbrochenen Geist mitteilt, ist eine weitere Zutat des überaus glücklichen Lebens.

Ein Gefühl der Bescheidenheit

»Selig sind die Sanftmütigen; denn sie werden das Erdreich besitzen.« Sanftmut hat nichts mit Haltlosigkeit zu tun. Sie bedeutet nicht Schwäche oder nur Milde als Veranlagung; denn unser Herr bezeichnet die Sanftmut als einen Zug seines Charakters, dem seine Jünger nacheifern sollten. Mose war sanftmütig, doch war er bestimmt nicht schwach. Sanftmut ist die Zartheit zurückgehaltener Kraft, nicht der Weichlichkeit. Sanftmut kann mit Kraft und Energie streiten, wenn es um die Verherrlichung Gottes oder die Dinge seines Königreiches geht. Der sanftmütige und demütige Jesus trieb die Krämer mit der Peitsche aus seines Vaters Haus. Sanftmut ist auch nicht Gutmütigkeit, die keinem etwas antun will. Wichtig ist die Sinneshaltung, die nicht auf ihren eigenen Rechten besteht und immer bereit ist, ihre eigenen Vorrechte in die Interessen anderer einzuweben. Sie ist ständig bereit zum Verleugnen der eigenen Wünsche und zum freudigen Annehmen der Pläne Gottes. Nietzsche predigte, dass die Welt, falls wir sie gewinnen, unser sei. Jesus predigte, sie gehöre uns, wenn wir sie verleugnen. Die Sanftmütigen, nicht die Angriffslustigen besitzen das Erdreich.

Von allen Charaktereigenschaften ist die Sanftmut wohl am wenigsten begehrt. Doch Jesus lobt sie als eine bei Gott hoch eingeschätzte Gnade. »... der verborgene Mensch des Herzens unverrückt, mit sanftem und stillem Geist.« (1. Petr. 3, 4) Der Sanftmütige wird gewöhnlich als ein Mensch eingeschätzt, der zu gut ist, um in der Welt voranzukommen oder es zu etwas zu bringen. Jesus lehnt diese Auffassung damit ab, dass er betont, der Sanftmütige werde das Erdreich besitzen. Er ist auch charakterisiert durch seine Willigkeit, sich anderen zu fügen, solange seine Grundsätze nicht auf dem Spiel stehen. Er beansprucht nichts für sich; doch besitzt er das Erdreich.

Ein Gefühl des Verlangens

»Selig sind, die da hungert und dürstet nach der Gerechtigkeit; denn sie sollen satt werden.« Eine andere Übersetzung lautet: »Selig sind die, die hungern nach Gerechtigkeit; denn sie sollen übervoll werden.« Jesus gebraucht diese elementaren menschlichen Gefühle, um das heiße Verlangen nach Heiligung und Christusähnlichkeit zu veranschaulichen, das nach dem vollen Wohlgefallen Gottes verlangt. Dort zeigt sich das stärkste und schmerzlichste Verlangen, wo ihm die Erfüllung versagt bleibt. Als Ernst Shakleton und seine Gesellschaft auf einer ihrer Antarktisreisen eine Zeit lang ohne Nahrung waren, sagte er später, es sei äußerst schwer gewesen, an etwas anderes als an Nahrung zu denken. Der Mensch ist zu beneiden, der einen unstillbaren Durst und einen unersättlichen Hunger nach einem heiligen Leben in sich trägt. Gesegneter Hunger!

Es ist bemerkenswert, dass die Seligpreisungen nicht von einem Hungern und Dürsten nach Glück reden. Glücklich sein ist das erstrebenswerteste Ziel der Mehrzahl der Menschen, doch meistens erweist sich dieses als täuschende Fata Morgana. Jesus lehrt hier eine Gerechtigkeit und nicht ein Glücklichsein im üblichen Sinn und meint, wer diese zum Lebensziel mache — Gerechtigkeit als richtiges Verhältnis zu Gott —, dem werde höchstes Glücklichsein zufallen. »Er sättigt die durstige Seele und füllt die hungrige Seele mit Gutem.« (Ps. 107,9)

Nach dem Hinweis auf die ideale Haltung der Untertanen in seinem Königreich gegenüber Gott wendet sich Jesus dem Verhältnis mit seinen Nachfolgern zu. Der geistlich Gereifte weist in Prüfungszeiten eine vierfache Gesinnung auf: Kraft, der die Schwachheit ausgeliefert ist; Reinheit im Zusammenhang mit verunreinigender Gesellschaft; Liebe, wo andere widersprechen; Redlichkeit, die unter den Händen von Peinigern leidet. Jede hat ihre eigene Seligpreisung, die Frucht eines himmlischen Gnadenwerkes.

Ein barmherziger Geist

»Selig sind die Barmherzigen, denn sie werden Barmherzigkeit erlangen.« Diese Seligpreisung wurde richtigerweise beschrieben als ein selbstwirkendes Gesetz der sittlichen Welt. Wer Barmherzigkeit erzeigt, dem wird Barmherzigkeit erwiesen. Wir ernten, was wir säen. Ein Mensch mag hungern und dürsten nach Gerechtigkeit und dabei in seiner Gerechtigkeit hart und anspruchsvoll sein. Der seltsame Evangelist Sam Jones pflegte zu sagen, »dass Gerechtigkeit ohne Barmherzigkeit ein hässliches Gesicht erzeuge«.

Wie die Sanftmut, so ist auch die Barmherzigkeit eine charakteristische christliche Tugend und damit wenig bekannt unter Nichtchristen. Sie entspringt einem barmherzigen Empfinden und äußert sich im barmherzigen Handeln. Barmherzigkeit erzeigt sich gegen jene Menschen, die keinen Anspruch darauf erheben können. Haben sie ein Anrecht darauf, dann widerfährt ihnen einfach Gerechtigkeit. Der Barmherzige ist immer bereit, jenen Zugeständnisse zu machen, die versagt haben, und ihr zwiespältiges Benehmen auf die bessere Weise zu deuten. Er urteilt nicht hart und bedenkt, dass er nicht alle Tatsachen kennt. Wir tun gut, daran zu denken, dass unser Erleben nur der Ausdruck unseres Handelns ist. Barmherzigkeit kennt keine Vergeltung.

Ein reines Herz

»Selig sind, die reinen Herzens sind; denn sie werden Gott schauen.« Die beseligende Schau Gottes ist auf dieser Erde nur denen gewährt, die reinen Herzens sind. Hier ist Reinheit im weitesten Sinne gemeint — Reinheit der Gedanken, der Vorstellung, der Beweggründe des Handelns. Sie bedeutet sittliche Heiligkeit oder Lauterkeit und bezieht sich besonders auf jemand, der ohne Trug ist. Jesus überging die nur äußere, förmliche Reinheit und unterstrich die unbedingte Notwendigkeit innerer Reinheit. Äußere Anpassung an formelle Anforderungen befriedigt weder Gottes noch des Menschen Herz.

»Schaffe in mir, Gott, ein reines Herz«, bat David, sich seiner Unreinheit und Sünde den Mitmenschen gegenüber tief bewusst. Der Psalmist verband reine Hände mit einem reinen Herzen und anerkannte seine Verantwortung in menschlichen Ansichten und Verbindungen. Es gibt keine Klarheit der Gottesschau ohne Herzensreinheit. Zu viele Menschen geben sich zufrieden mit äußerem Ansehen. Sie machen sich nicht viel aus einer kleinen Abweichung vom Pfad sittlicher Rechtschaffenheit, solange sie in ihrem Gesellschaftskreis nicht »das Gesicht verlieren«. Der göttliche Ausspruch aber lautet: »Ohne Heiligung kann niemand Gott schauen.« Selbstkritik und die Inanspruchnahme der Reinigung im Blut Christi ist eine tägliche Notwendigkeit.

Gott zu schauen, setzt nicht leibliches, sondern sittliches Sehvermögen voraus, denn Gott ist Geist. Die Sünde verfinstert das Herz und verhüllt das Angesicht Gottes. Gott schauen bedeutet Gott kennen, sich einer engen Beziehung zu ihm erfreuen.

Falschheit und Unehrlichkeit sind ausgeschlossen, wenn jemand Gott schauen will. Mit Christus im Herzen als der innewohnenden Quelle der Reinheit wird die Aufrechterhaltung eines reinen Herzens zur kostbaren Möglichkeit. Wird dies erlebt, dann dürfen wir hier auf dieser Erde damit rechnen, ihn eines Tages von Angesicht zu Angesicht zu sehen.

Ein Vermittlungsdienst

»Selig sind die Friedfertigen, denn sie sollen Gottes Kinder heißen.« Diese Seligpreisung wird oft so gelesen, als ob sie sich auf Friedliebende bezöge, die einen bereits bestehenden Frieden aufrechterhalten, oder auf einen friedlichen Menschen. Doch sie bezieht sich auf einen, der Frieden schafft in einer Lage, wo der Friede gestört ist. Es handelt sich nicht um eine Tugend, sondern um eine Handlung. Friedenstiften ist ein viel kostspieligerer Dienst als die Aufrechterhaltung des Friedens. Unser Herr machte Frieden durch sein am Kreuz vergossenes Blut.

Wir können nur Friedensstifter sein, wenn wir willig sind, uns unseren eigenen Frieden zerstören zu lassen. Dieser Dienst ist immer mit einem Kreuz verbunden. In der Gegenwart eines friedfertigen Menschen ersterben Zank und Streit. Von einem bekannten Staatsmann wird gesagt, dass bei seinem Erscheinen unter den Ratsmitgliedern das Debattieren und Streiten, so erbittert es sein mochte, immer verstummte. Und warum? Er lebte in der Gegenwart Gottes. Wie lange die Sitzung auch dauern mochte, so verbrachte er doch täglich zwei Stunden im Gebet und in der Anbetung, ehe er sein Tagewerk begann. Er trug den Frieden mit Gott in sich und lebte ihn aus, wohin er sich auch wandte. Dies ist ein Dienst, der ungewöhnlichen Mut, viel Einfühlungsvermögen und Takt verlangt. Doch welch ein Dienst, Menschen wieder zu vereinigen, die sich entfremdet hatten!

Der Lohn für den Friedensstifter besteht nicht darin, ein Gotteskind zu werden, sondern ein Gotteskind zu sein. Er ist bereits ein Gotteskind. Nicht sein Stammbaum, sondern sein

Ruf zählt. Wenn die Leute ihn in seinem kostspieligen Dienst des Friedenstiftens sehen, erkennen sie in ihm das Bild seines Meisters und die Ähnlichkeit eines Familiengliedes.

Eine tapfere Treue

»Selig sind, die um Gerechtigkeit willen verfolgt werden; denn das Himmelreich ist ihr ... wenn euch die Menschen um meinetwillen schmähen und verfolgen und reden allerlei Übles wider euch, so sie daran lügen.« Auch der Friedfertige ist nicht geschützt vor Verleumdung und Verfolgung durch seine Mitmenschen. Der sündlose Christus blieb nicht verschont vor Verfolgung und Schmähung. Doch achte darauf, dass das Seligsein nicht im Verfolgt- und Geschmähtwerden liegt! Es sind Menschen, die *verfolgt worden sind* — denn dies ist die korrekte Zeitform —, die überaus glücklich *sind*. Das Glück kommt »*nach*« der Züchtigung. Das Seligsein besteht in der Freude an der besonderen Nähe Christi in der Prüfungszeit. Ein Mensch, der wie die drei Männer im glühenden Feuerofen entdeckt, dass inmitten der glühendsten Verfolgung der Sohn Gottes mit ihm ist und das Feuer ihm nichts antun kann, der ist der Beneidenswerteste und der am meisten Begünstigte. Es muss allerdings beachtet werden, dass nicht jede Verfolgung ein Gesegnetsein mit sich bringt. Dazu gehören drei Bedingungen:

Verfolgung »*um Gerechtigkeit willen*« (V. 10), nicht um unserer Ungelenkigkeit oder Dummheit willen. Viele Christen bringen unnötige Schmach auf sich und die Sache Christi durch ihre Taktlosigkeit. Die Verfolgung, die hier gemeint ist, kommt über uns, weil wir um jeden Preis recht handeln wollen, auch wenn damit gesellschaftliche Ächtung verbunden ist.

Verfolgung, »*so sie daran lügen*« (V. 11), nicht um eines Verbrechens, einer Straftat willen. Nur wenn wir verfolgt werden, obwohl wir weder durch Wort noch durch eine Tat einen Anlass dazu gegeben haben, bringt die Verfolgung das Seligsein.

Verfolgung und Schmähung »*um meinetwillen*« (V. 11).

Schlechte Behandlung auf Grund unserer Treue Christus gegenüber bringt ihren eigenen kostbaren Lohn. Das Teilhaben an seinem Leiden anerkennt unser Meister tief. »Seid fröhlich und getrost, es wird euch im Himmel wohl belohnt werden.« Dies muss für die Juden eine eigenartige, neue Auffassung gewesen sein, die in Leiden und Verfolgungen eine Strafe Gottes sahen.

So ist unseres Herrn erhabene Auffassung des idealen christlichen Charakters. Ist es auch die unsrige? Ist sie uns zu hoch? Gott kennt kein anderes Vorbild außer dem Charakter seines Sohnes. Er hat sich unsere Umwandlung in das Bild seines Sohnes zum Ziel gesetzt, und der Heilige Geist, der in uns wohnt, will es in uns verwirklichen.

Kapitel 12

Christi Nachfolge fordert völlige Hingabe

»So jemand zu mir kommt ... und mir nachfolgt.« (Luk. 14, 5. 6-27)

Lesetext: Luk. 14, 25-33

Das Neue Testament ist voll von Anweisungen bezüglich der Nachfolge und ihrer Folgen. Sie finden sich reichlich in den Lehren unseres Herrn, doch in der Lehre seiner Gemeinde wurden sie übersehen oder übertönt. Der Grund dafür liegt nahe. Keine andere Lehre Jesu war so unpopulär und so unerwünscht in seiner Zeit, und auch die folgenden Jahre haben keine wesentliche Änderung im menschlichen Herzen gezeigt. Die Begriffe echter Jüngerschaft, die Jesus niederlegte, waren so streng, dass sich die meisten Menschen von ihm zurückzogen, sobald sie die Kosten erkannten.

Die große Popularität Jesu, die er in der ersten Zeit seines Auftretens erlebte, hätte ihn dazu verleiten können, daraus seinen Nutzen zu ziehen. »Es ging viel Volks mit ihm.« Nutzte er diese vorzügliche Lage für sich aus? Wird er nun einige Aufsehen erregende Zeichen tun, um damit bei der Menge Erstaunen zu wecken? Wird er ihr gefallen wollen, damit sie ihm schmeichelt? Wird er einige besondere Impulse geben oder Nachsicht üben, um sich ihre Huldigung zu sichern? Statt alles dessen schien er bewusst ihre Sympathie verwirken zu wollen, indem er Bedingungen stellte, die den Menschen hart erscheinen mussten. Ein eigenartiger Weg eines Führers, jene absichtlich zu entmutigen, um deren Unterstützung er bangen sollte! Du und ich, wir sind versucht, unsere Ansprüche herabzuschrauben, um die Menge zu gewinnen. Jesus machte die Nachfolge absichtlich verzweifelnd hart und setzte damit bewusst die Zahl derer herab, die seine Jünger sein wollten. Siehe Luk. 9, 57-62.

Christus machte unmissverständlich klar, dass Jüngerschaft viel mehr beinhaltet, als leichtfertige Zustimmung zu einem Glaubensbekenntnis. Er gab zu verstehen, dass Nachfolge etwas Kostspieliges und Mühevolles ist, nichts Abenteuerliches oder Aufregendes. Anstatt die Nachfolge als leicht und beglückend hinzustellen, betonte er deren Schwierigkeiten und Gefahren. Er sprach mehr von den zu erwartenden Feinden als von Freunden, deren sie sich in der Nachfolge würden erfreuen können. Nicht von Silberpantoffeln und Rosenpfaden sprach er, sondern von steinigen Wegen und eisernen Stiefeln. Nie warf er einen Köder hin, um einen Jünger zu gewinnen. Nie verhehlte er die Kosten, die sein Jünger zu erwarten hatte. Jeder, der ihm folgen wollte, musste es mit offenen Augen tun.

Wirkliche Führer haben immer darum gewusst, dass das beste Echo auf das härteste Angebot hin kommt. Als Garibaldi sein Land von einer eindringenden Heeresmacht befreien wollte, stieß er auf eine Gruppe müßig gehender junger Burschen und forderte sie zur Gefolgschaft in seinem Feldzug auf. »Was bietest du uns dafür?«, fragten sie. »Euch bieten? Ich biete euch weder Besoldung noch Unterkunft noch Unterhalt. Was ich zu bieten habe, sind Hunger, Durst, Gewaltmärsche, Kampf und Tod. Wer sein Heimatland nicht bloß mit den Lippen, sondern von ganzem Herzen liebt, mag mir folgen.« Und sie folgten ihm. Das missionarische Unternehmen war zu allen Zeiten gekennzeichnet durch Unannehmlichkeiten, Einsamkeit, Härte, Gefahr, und doch wurde die Jugend immer wieder gefangen genommen durch den Aufruf zum Opfer.

Der Begriff »Jünger« bedeutet »Lernender«. Doch ist darin der Gedanke eingeschlossen, der Lernende lerne, um das Gelernte anzuwenden und in die Tat umzusetzen. Ein christlicher Jünger ist ein in der Schule Christi freiwillig Lernender. Jesus lässt zuerst die Einladung ergehen: »Kommet her zu mir!« und fügt hinzu: »Folge mir nach!« Doch nicht alle, die um der Errettung willen zu ihm kommen, sind willig zur Nachfolge in aufopferndem Dienst. Obschon es so sein sollte, sind »Jünger« und »Lernende« in der Praxis nicht gleichbedeutende Begriffe.

J. Edgar Hoover, Präsident des staatlichen Nachrichtendienstes in Washington, bestätigt, dass der Kommunismus immer die Beziehungen zwischen Theorie und Praxis betont. Die kommunistischen »Meister« studieren, ist gleichbedeutend mit dem Sich-bereitmachen für revolutionäres Handeln. Die Kommunisten wollen nicht, dass ihre Glieder mit ihrem marxistischen IQ glänzen oder akademische Titel erwerben. Ihr Wissen muss zur Waffe werden, die die Welt für den Kommunismus zubereitet. Sie sagen: »Unser Studium dient dem einzigen Ziel, das Gelernte in die Praxis umzusetzen. Wir studieren für unsere Partei und für den Sieg der Revolution.« Hoover stellt die kühne Frage: »Setzen wir als gläubige Christen die Lehren Jesu auch wirklich in die Tat um? Sind unsere täglichen Handlungen in der sichtbaren Welt bestimmt durch unsere christlichen Überzeugungen?«

Warum machte unser Herr seine Bedingungen zur Nachfolge so schwer, wenn er dadurch mit dem unweigerlichen Resultat des Verlustes der öffentlichen Unterstützung rechnen musste? Weil ihm Qualität mehr bedeutete als Quantität. Er braucht sorgfältig ausgewählte Männer und Frauen, eine Gideonstruppe, auf deren unwandelbare Hingabe er in Krisenlagen zählen kann. Er will vertrauenswürdige Jünger um sich haben, auf die er sich beim Bauen seiner Gemeinde und im Kampf mit den bösen Mächten verlassen kann (Luk. 14,29-31). Ist der Jünger von der Majestät und Herrlichkeit des Christus, dem er nachfolgt, und von der Sache, der er sich hingab, überzeugt, so wird er zu jedem Opfer bereit sein.

Vor einigen Jahrhunderten näherte sich ein königlicher Eroberer aus dem Osten, dessen Feldzug mit unerhörtem Erfolg gekrönt war, mit seinem Heer dem Gebiet des jungen Häuptlings Abu Tabor. Als der König von dessen Tapferkeit hörte, reute es ihn, diesen einfach zu töten. Er sandte ihm einen Gesandten mit Friedensvorschlägen entgegen. Als Abu Tabor diese hörte, rief er einen seiner Soldaten zu sich, übergab ihm einen Dolch und befahl: »Stoße diesen in deine Brust!« Der Soldat gehorchte und fiel tot zu seinen Füßen. Dann rief er einen anderen und sprach: »Stürze dich über dieses Geländer in den Euphrat!« Ohne sich einen Augenblick zu besinnen, sprang der Soldat in den Tod. Abu wandte sich an den Gesandten und sagte: »Geh und erzähle deinem Herrn, dass ich 500 solche Männer habe. Ehe 24 Stunden verflossen sind, werde ich ihn mit den Hunden zusammengekettet haben.« Der König rückte mit der Vielzahl seiner Kriegsleute weiter vor. Aber die große Zahl seiner Streiter vermochte nichts gegen die entschlossene Treue der Untertanen Abu Tabors. Ehe der Tag um war, war der König mit Abu Tabors Hunden zusammengekettet. Nicht die Menge, sondern die Qualität ist wichtig.

Das recht verstandene Christsein war nie beliebt. Eine populäre Religion ist weit entfernt von der Lehre unseres Herrn. »Weh euch, wenn euch jedermann wohlredet! Desgleichen taten ihre Väter den falschen Propheten auch.« (Luk. 6,26) Der Gläubige ist in Wahrheit gesegnet, den die Menschen um Jesu willen schmähen und verfolgen und allerlei Übles über ihn reden (Matth. 5,11). Wir sind aufgefordert, seine Unpopularität zu teilen und nicht seine Beliebtheit. »So lasset uns nun zu ihm hinausgehen aus dem Lager und seine Schmach tragen.« (Hebr. 13,13) Wir müssen damit rechnen, dass »alle, die gottselig leben wollen, verfolgt werden«, unbeliebt sind. An uns ergeht die Einladung, die Gemeinschaft seiner Leiden auf uns zu nehmen und uns nicht nur in seiner zukünftigen Herrlichkeit zu sonnen. Erleben wir wenig von dem »Ärgernis des Kreuzes«, dann ist es darum, weil wir Jesus, wie einst Petrus, »von ferne« nachfolgen.

Mit ganzem Ernst betonte Jesus: »Eng ist die Pforte und schmal der Weg, der zum Leben führt, und wenige gehen darauf.« Darum darf es nicht überraschen, wenn der Weg der völligen Nachfolge nicht bevölkert ist. Wird auf diese Weise gelehrt, so zerstreut sich bestimmt die Menge, und die Oberflächlichen scheiden aus. »Solange die Gemeinde Jesu Narben trug«, sagte Vance Havner, »kam sie voran. Als sie anfing, Medaillen zu tragen, erlahmte sie.« Der große Tag der Gemeinde der ersten Christen war, als ihre Glieder den Löwen vorgeworfen wurden, nicht als sie Schauspielkarten kauften und sich in die Logen setzten.

Jesus sprach in seiner Rede von dem »Überschlagen der Kosten«. Es gibt zweierlei Auslegungen dieser Stelle. Wer sein Jünger werden will, soll die Kosten sorgsam überschlagen, ehe er sich auf die raue Straße der Nachfolge begibt. Dies stimmt natürlich und wird besonders betont in den drei unmissverständlichen Aussprüchen Jesu, die den Kern dieses Abschnitts bilden. Doch gibt es auch solche, die die Meinung vertreten, die einzig folgerichtige Auslegung bedeute, dass Christus selbst der Turmbauer und der herrschende König sei. Er selbst überschlage die Kosten. Darf er es sich erlauben, Menschen, deren Hingabe an ihn nur förmlich und nicht opferbereit ist, als seine Bauleute und Soldaten zu gebrauchen? Die damit verbundenen Ergebnisse sind so ungeheuer wichtig, dass er mich nur unter seine Jünger zählen kann, wenn ich mich seinen Bedingungen unterstelle und willig bin, ihm bis in den Tod zu folgen.

Er stellt drei unerlässliche Bedingungen für die Nachfolge auf: *Hingabe der tiefsten Herzensneigung* — eine ungeteilte Liebe. »So jemand zu mir kommt und hasst nicht seinen Vater, Mutter, Weib, Kinder, Brüder, Schwestern und dazu sein eigen Leben, der kann nicht mein Jünger sein.« (V. 26) Wir können nur seine Jünger sein, wenn wir ihn mehr lieben als alle anderen. Ihm nachfolgen bringt den Konflikt der Zugehörigkeit. Sein Innewohnen ist entscheidend. Unweigerlich kommen die gegensätzlichen Ansprüche von Angehörigen und Jesu zu Tage, und in der Liebe duldet Jesus keinen Rivalen.

»Hass« klingt hier grausam und gewalttätig; doch ist das Wort in relativem und nicht absolutem Sinn angewandt. Es bedeutet einfach: »weniger lieben«. Der unausgeglichene Gesetzeseiferer wird hier keine Entschuldigung finden für das Fehlen einer natürlichen Zuneigung. Jesus widerspricht sich nicht. Hier besteht kein Gegensatz zwischen diesem Gebot und jenem: »Ehre Vater und Mutter!« In den Tagen, als Jesus diese Worte aussprach, hatten die Menschen, die in seine Nachfolge traten, einen Bruch mit ihrer eigenen Familie und Ächtung von ihrer Gesellschaftsklasse in Kauf zu nehmen. In westlichen Ländern ist heute wenig Verzicht auf Familie und gesellschaftliche Stellung mit Jüngerschaft Jesu verbunden; doch auf den Missionsfeldern ist es anders. Erklärt sich jemand als Eigentum Christi, dann mag dies der Grund zum Verlust von Anstellung, Frau und Kindern, sogar des Lebens bedeuten. Und trotzdem schraubte Jesus seine Ansprüche nicht herunter.

Jesus war kein unbarmherziger Zerstörer. Er befahl sogar Sohnes-, Gatten- und Elternliebe; doch wusste er auch, dass oft »des Menschen Feinde seine eigenen Hausgenossen sind«. Die entscheidende Probe soll zu Tage bringen, ob die natürliche Liebe stärker ist als die Liebe zu ihm. Diese muss in jeder Krise siegen, wollen wir wirklich seine Jünger sein. Es ist dann tatsächlich so, dass jede menschliche Verbindung bereichert ist, wenn ihm der erste Platz in unseren Herzen eingeräumt wird. Weil wir ihn mehr lieben, wird die Liebe zu unseren Angehörigen vertieft.

Er verlangt weiter, die Liebe zu ihm müsse triumphieren auch über unsere natürliche Eigenliebe: »... und dazu sein eigenes Leben...« Die Bedingung geht über den Familienkreis hinaus und greift die innerste Festung des persönlichen Lebens an. Christus geht es darum, dass unser eingefleischtes Eigenleben ein für alle Mal verdrängt wird. Mit Paulus wird dann der Jünger sagen können: »Ich lebe mein Leben nicht mehr.«

Ist in unserem Herzen nicht diese ungeteilte Liebe für Christus, dann, sagt er, können wir nicht seine Jünger sein.

Die Bereitschaft zum Aufgeben der bisherigen Lebensführung — ein anhaltendes Kreuztragen. »Und wer nicht sein Kreuz trägt und mir nachfolgt, der kann nicht mein Jünger sein.« (V. 27)

Raimund Lullus, der Mohammedanermissionar, erzählt, wie er Missionar wurde. Er hatte früher ein verschwenderisches und vergnügungsreiches Leben geführt. Eines Tages, da er allein war, erschien ihm Christus als Kreuzträger und sagte: »Trage das Kreuz für mich!« Doch er wollte nichts davon wissen, stieß ihn von sich und lehnte diesen Gedanken ab. Als er sich wieder einmal in der Stille einer großen Kathedrale befand, kam Christus wiederum und bat, für ihn das Kreuz zu tragen. Und wieder lehnte er ab. Christus kam ein drittes Mal, und diesmal, so bezeugte Lullus, »nahm Jesus sein Kreuz und ließ es, ohne ein Wort zu sagen, in meine Hände sinken. Was konnte ich anderes tun als es aufnehmen und tragen?« Er tat es; aber es endete damit, dass er später zu Tode gesteinigt wurde.

Was meinte Jesus wohl mit dem Ausdruck: »sein Kreuz«? Bestimmt nicht körperliche Behinderungen oder schwierige Temperamentsveranlagung, Unglück, schwere Lebensumstände oder Krankheit. Dies alles ist unvermeidlich und das gewöhnliche Los aller Menschen, ob Christen oder Heiden. Die Tatsache, dass unser Herr seinen Feststellungen die Möglichkeitsform »wenn« voranstellt, bedeutet die Einbeziehung eines freiwilligen Entschlusses. Unter Kreuz haben wir Schmach, Leiden und Tod zu verstehen. Es ist ein Sinnbild der Verachtung durch die Welt. Offensichtlich ist in der Schande und dem Leiden seines Kreuzes die wahre Gleichsetzung mit Christus angedeutet. Unser eigenes Kreuz tragen geschieht aus eigener Wahl. Es ist uns nicht aufgezwungen wie das Kreuz Jesu dem Simon von Kyrene. Es bedeutet Willigkeit zum Mittragen des Zorns, des Hasses, der Schmähung der Welt um seiner Sache willen. Ein weltlicher Jünger wäre ein Widerspruch in jeder Hinsicht. Paulus wusste, was mit dieser Gleichstellung mit dem gekreuzigten Christus zusammenhing: »Man schmäht uns, so segnen wir; man verfolgt uns, so dulden wir's; man verlästert uns, so reden wir freundlich. Wir sind geworden wie der Abschaum der Menschheit, jedermanns Kehricht, bis heute.« (1. Kor. 4,12-13)

Wenn wir freiwillig die unangenehmen Lebensverhältnisse als Werkzeuge zum Sterben des Ichs und des eigensüchtigen Wesens annehmen, dann tragen wir unser eigenes Kreuz. Nehmen wir die Leiden, die Enttäuschungen und Prüfungen des Lebens an, dann werden wir in die richtige Stellung des Mit-Christus-Gekreuzigtseins hineingeführt. »Wer auf die weiße Seite des Kreuzes Christi hinblickt und dieses sorgsam aufnimmt, wird die Last so leicht empfinden wie ein Vogel seine Schwingen.« (Samuel Rutherford)

Sind wir nicht willig zum ständigen Kreuztragen, dann können wir nicht seine Jünger sein.

Die Bereitschaft zur Hingabe unseres persönlichen Eigentums: »Also auch ein jeglicher unter euch, der nicht absagt allem, was er hat, kann nicht mein Jünger sein.« (V. 33) Die dritte Bedingung unseres Herrn zur Nachfolge ist die Hingabe all unseres Besitzes, nicht nur eines ansehnlichen Teils. »... allem, was er hat«, lauten seine Worte. Das Wort »absagen« kann ausgelegt werden als »verzichten, das Recht auf etwas darangeben, aufgeben, ihm den Abschied geben«. Es ist die Absolutheit des Befehls unseres Herrn, die so verblüfft. Er erlaubt keine Ausnahme. Er verlangt das Verfügungsrecht über alles, was dem Jünger eigen ist, wie es seiner weisen Liebe am besten scheint.

Den meisten Leuten können Besitz, Güter, Land leicht zu Gegenständen der Liebe und der Vergötzung werden. »Dinge« können für uns unter Umständen eine schreckliche Tyrannei bedeuten. Doch wir können nicht Gott und dem Mammon dienen; wir können nicht zwei Herren huldigen. Wo das Herz gespalten ist von verschiedenen Interessen, ist Nachfolge Jesu unmöglich. Die Lektion, die der Herr erteilen wollte, bedeutete, dass wir Verwalter und nicht Eigentümer unseres Besitzes sind.

Nachfolge erfordert nicht unbedingt einen Verkauf all unseres Besitzes und Verschenken des Ertrags; doch ist eine solche Möglichkeit auch nicht unbedingt ausgeschlossen. Die Jünger behaupten von sich: »Wir haben alles verlassen und sind dir nachgefolgt.« Paulus sagte von sich: »Ich erlitt den Verlust aller Güter.« Von der ersten Gemeinde heißt es: »Es war auch keiner unter ihnen, der Mangel hatte; denn wer von ihnen Äcker oder Häuser besaß, verkaufte sie und brachte das Geld für das Verkaufte ... und man gab einem jeden, was er nötig hatte.« (Apg. 4,34-35)

Was immer diese Bedingungen in sich schließen möchten, sie bedeuten einen echten, freiwilligen Verzicht auf unser Recht und auf alles, was wir haben, damit wir für immer frei sind von Geiz und Selbstsucht. Unser Meister erwartet von uns, dass wir alles, was wir besitzen, auf einer offenen Handfläche halten und nicht in einer verkrampften Faust. Unsere Haltung wird dann sein: »Herr, bediene dich alles dessen, was du von mir haben willst!« Anders können wir nicht seine Jünger sein.

Zum Gehorsam gegen diese drei eindeutigen Befehle ist ein kraftvoller Anstoß notwendig. Er findet sich im Vorbild Christi. Jesus verlangt nichts von uns, das er nicht selbst willig getan hat. Aus Liebe zu uns »hasste« er seinen Vater und seine himmlische Heimat und kam als der sündlose Gott-Mensch, um in einer Welt der Sünde zu leben, da er oft »nicht hatte, wo er sein Haupt hinlegen sollte«. »Er trug sein Kreuz und ging hinaus zur Stätte ... Golgatha; allda kreuzigten sie ihn« — und das um unseretwillen (Joh. 19,17.18). Damit wir auf ewig reich würden, verzichtete Jesus auf alles, was er hatte. »Ob er wohl reich ist, ward er doch arm um euretwillen, auf dass ihr durch seine Armut reich würdet.« (2. Kor. 8,9)

Ist der Diener größer als sein Herr? Sollen wir zögern, für Jesus das zu tun, was er so willig für uns tat? Erfüllen wir diese drei Bedingungen, dann — und nur dann — sind wir wirklich seine Jünger.

Kapitel 13

Christi Anspruch verlangt deine erste Liebe

»Dem Engel der Gemeinde zu Ephesus schreibe...«
(Offb. 2,1)

Lesetext: Offb. 2,1-7

Ein persönlicher Brief von dem erhöhten Christus an eine lebendige Gemeinde ist wahrhaftig ein denkwürdiges Dokument, und es ist ein hohes Vorrecht, in seine Botschaft mit eingeschlossen zu sein. Obgleich es in erster Linie an die Gemeinde in Ephesus gerichtet ist, schließt es mit einem zeitlosen, persönlichen Aufruf: »Wer Ohren hat zu hören, der höre...«

In diesem Dokument ist Anerkennung durch Tadel, und Lob durch Missbilligung gemäßigt. Christus stellt sich vor als der, »der da wandelt mitten unter den sieben Leuchtern«, die in Kapitel 1, Vers 20 mit den sieben Gemeinden verglichen werden. Er überwacht und prüft das Leuchten der Lampen ihres Zeugnisses. In seinem Brief geht er nicht auf das sittliche Gericht über die Gemeinde ein, weil er über sie voll und ganz Bescheid weiß. »Ich weiß deine Werke.«

Ephesus war eine der berühmtesten Städte des Altertums. Ihre Einwohner nannten sie die Metropole Asiens. Sie war reich und ihre Kultur hoch entwickelt, doch vollkommen verdorben. Obgleich eine richtige Handelszentrale, war sie der Brennpunkt einer scheußlichen Form der heidnischen Anbetung. Sie rühmte sich eines prächtigen Dianatempels, eines der sieben Weltwunder, das ihr Reichtum und Berühmtheit einbrachte. Die Christen in Ephesus waren in einer besonderen, eigenartigen Weise bevorzugt. Paulus, Apollos, Priscilla und Aquila, Timotheus und

Johannes, sie alle hatten zu ihrem geistlichen Leben beigetragen. Dass sie darauf eingingen und die tiefen geistlichen Wahrheiten begriffen, ist klar ersichtlich aus den geistlichen Höhen, zu denen Paulus sich in seinem Brief an sie erhebt. Der Typus der Gläubigen, die den Kern der Gemeinde bilden, kann am besten beurteilt werden in der Art, wie sie sich diese geistliche Unterweisung aneignen.

Als dieser Brief geschrieben wurde, bestand die Gemeinde in Ephesus bereits vierzig Jahre. Sie war zusammengesetzt aus Gliedern der zweiten und dritten Generation. Die erhabene neue Wahrheit, die einst ihre Vorfahren gefangen genommen hatte, war zu etwas Alltäglichem herabgesunken. Doch war noch viel von der Festigkeit und Kraft der früheren Generationen sichtbar, und davon spricht Christus in warmer Anerkennung.

Lob

Im ersten Satz seines Briefes treten Takt und Verständnis reliefartig hervor. Es ist bemerkenswert, dass er alles, was er loben kann, vorwegnimmt. Das ist immer ein gesundes Vorgehen in menschlichen Beziehungen. Er lobte sie ohne Einschränkung für vier besonders ausgeprägte Tugenden.

Sie waren treu in der Arbeit. »Ich kenne deine Werke und deine Arbeit und deine Geduld« (V. 2). Das ganze Leben und Verhalten der Gemeinde ist ersichtlich an ihrer aufopfernden Arbeit und unermüdlichen Geduld trotz allem Ermüdenden. Die Gemeinde war ein Brennpunkt des Fleißes und der guten Werke. In ihrer Geduld fand sich keine Passivität. Christus lobte ihre Beharrlichkeit im Wirken, die bis zur Erschöpfung führte, aufs Wärmste. Es lohnt sich, darauf zu achten, dass die drei in diesem Satz erwähnten Worte auch im Brief des Paulus an die Thessalonicher vorkommen, wo er lobend »denkt an euer Werk im Glauben und an eure Arbeit in der Liebe und an eure Geduld in der Hoffnung« (1. Thess. 1,3).

Dann sind sie unnachsichtig mit Betrügern. »Dass du die

Bösen nicht ertragen kannst« (V. 2). Die Ephesus-Gemeinde duldete keinerlei Unreinheit in ihrer Mitte. Sie besaß genügend geistliche Kraft, um eine gesunde Zucht auszuüben, und dafür wurde ihr göttliche Anerkennung zuteil. Die Ephesus-Gemeinde konnte alles ertragen, außer Betrügern in ihrer Mitte.

Als Gemeinde waren die Glieder klar in der Lehre. »Und hast geprüft die, so da sagen, sie seien Apostel, und sind's nicht, und hast sie als Lügner erfunden« (V. 2). Die Zeitform des Tätig-keitswortes lässt vermuten, dass sich unser Herr auf eine vor kurzem erlebte Krise bezieht, in der sie die Lehre der Nikolaiten (V. 6), die sich den eigentlichen Aposteln gleichstellten oder überordneten, geprüft hatten und sie verwarfen. Durch Paulus in seiner Abschiedsbotschaft in Apg. 20,29 aufmerksam gemacht, waren sie auf der Hut vor den »gräulichen Wölfen«. Hier lebten Gläubige, die im Hören Aufmerksamkeit übten und sich nicht täuschen ließen. Doch prüften sie nicht nur die Worte, sondern auch die Werke und lehnten diese ab. Dafür wurden sie von Christus, der die Wahrheit ist, gelobt. »Und das hast du, dass du die Werke der Nikolaiten hassest, welche ich auch hasse« (V. 6). Ignatius gab der Epheser-Gemeinde folgendes Zeugnis: »Ihr lebt der Wahrheit gemäß, und bei euch findet sich keine Irrlehre. Nein, ihr hört jene nicht einmal an, die von anderem als von Jesus Christus reden wollen.«

Dann waren sie geduldig in Verfolgungen: »... und hast Ge-duld, und hast um meines Namens willen die Last getragen und bist nicht müde geworden« (V. 3). Inmitten heftiger Verfolgun-gen hatten sie eine bemerkenswerte Ausdauer bewiesen.

Mit einem solch erstaunlichen und verdienten Lob Christi, »dessen Augen wie Feuerflammen« alles durchleuchten, konnte diese Gemeinde sich wahrlich glücklich preisen. Was konnte Besseres von ihr erwartet werden? Wie wären wir dankbar, wenn alle unsere Gemeinden solch ein Lob verdienten! Doch die durchdringenden Augen Christi sahen hinter dem gefälligen Äußeren einen schlimmen Fehler. Sein lauschendes Ohr erkann-te in der Harmonie ihrer Anbetung einen falschen Ton.

Beschwerde

»Aber ich habe wider dich, dass du die erste Liebe verlässt« (V. 4). Ihr habt die Liebe, in der ihr im Anfang standet, aufgegeben. Das prophetische Wort des Herrn Jesus war bereits in Erfüllung gegangen (Matth. 24,12). Auf den ersten Blick scheint dies keine wichtige Sache zu sein im Vergleich zu ihren lobenswerten Qualitäten. Doch wäre solch eine Ansicht sehr oberflächlich. Ist es etwas Geringfügiges für eine Frau, wenn ihr Gatte die Liebe aufgibt, die er zuerst für sie empfand? Ein schönes Heim, ein großes Bankguthaben, eine gute gesellschaftliche Stellung würden ihr nichts mehr bedeuten, entzöge er ihr seine Liebe. Kein Leiden ist so schmerzhaft wie unerwiderte Liebe.

Man könnte annehmen, irgendeine Krise in der Geschichte dieser treuen, geschäftigen gläubigen Gemeinde wäre Ursache zum Nachlassen in der Liebe für Jesus gewesen. Verzehrte der Eifer im Ausüben guter Werke sie so sehr, dass ihre Liebe zu Christus erkaltete? Hassten sie die Handlungen der Nikolaiten so sehr, dass die Liebe zum Herrn erkaltete? Nachlassen in der Liebe zu Christus ist keine Kleinigkeit. Das Werk, die Arbeit und die Geduld der erst vor kurzem bekehrten Gläubigen in Thessalonich (1. Thess. 1,3) hatten ein belebendes Motiv: Glaube, Liebe, Hoffnung. Doch den Epheserchristen zweiter Generation bedeuteten Glaube, Liebe, Hoffnung wenig, und was sie noch besaßen, waren Werke, Arbeit und Geduld. Ohne die belebenden Motive waren ihnen diese zur Last geworden und ihre Frömmigkeit eine tote Sache. Es braucht eine brennende Liebe zu Christus, sollen Werke, Arbeit und Geduld bleibenden geistlichen Wert haben. Mühe, Eifer und Selbsthingabe sind kein Ersatz für Liebe.

Die Menschen erachten das Nachlassen in der Liebe zu Christus als etwas Unwichtiges. Für ihn aber ist es Sünde von solch schrecklichem Ausmaß, dass diese das Zeugnis der Gemeinde zerstören würde, wenn sie darüber nicht Buße tut. Sie würde ihren wahren Zweck verfehlen, um dessentwillen sie ins Leben gerufen wurde.

Ratschlag

Zuerst ruft der erhöhte Christus die Gemeinde zur Besinnung an die erste Zeit auf. »Gedenke, wovon du gefallen bist!« (V. 5) Es gibt Zeiten des Rückblicks und des In-die-Zukunft-Schauens.

Das Gedächtnis kann uns wertvolle Dienste leisten, wenn wir diese anerkennen wollen. Wir können in fataler Leichtfertigkeit unliebsame und unwillkommene Tatsachen oder Wahrheiten einfach vergessen. Lieben wir Jesus heute weniger als in den ersten Tagen unseres neuen Lebens, dann heißt das bei ihm: »Sie sind gefallen.« Wir mögen nicht in grobe Sünden gefallen sein, doch kann es sein, dass wir die erste Liebe zum Herrn verlassen haben. Lasst uns einen Rückblick tun in unser Leben und sehen, ob es nicht eine Zeit gab, wo unsere Liebe zu Jesus tiefer, aufopfernder war, als sie es heute ist! »Gedenke!« ist eine Befehlsform, und unser Meister befiehlt uns, unser Gedächtnis zu gebrauchen. Es ist wahr, dass die Liebe in der ersten Zeit vielleicht ausdrucksvoller ist als später; doch je reifer sie wird, desto tiefer und stärker ist sie. Ist dies auch unsere Erfahrung?

Die Prophezeiung des Jeremia enthält einen schmerzlichen Abschnitt. »Und des HERRN Wort geschah zu mir: Geh hin und predige öffentlich der Stadt Jerusalem und sprich: So spricht der HERRN: Ich gedenke der Treue deiner Jugend und der Liebe deiner Brautzeit, wie du mir folgtest in der Wüste, im Lande, da man nicht sät...« (Jer. 2,1-2) Gott gedenkt in Wehmut der Glut und Wärme der ersten Liebe seines Volkes zu ihm, einer Liebe, die damals selbstlos und aufopfernd war. Doch jetzt war jede Glut erkaltet. Er denkt in wehmütigem Schmerz der vierfachen Schönheit ihrer Tugenden.

Er gedenkt der Anhänglichkeit ihrer Liebe in der ersten Zeit, da die an ihn Glaubenden ihn mehr liebten als alles andere, als sie feinfühlig und in wirklichem Interesse auf seine Liebe eingingen, als sie sich in großen und kleinen Anliegen an ihn wandten und um seinen Rat baten. In allen Handlungen fragten sie sich: »Wird es ihm gefallen?« Hat sich das Zentrum unseres Lebens so sehr verlagert, dass die Frage heute heißt: Wird es mir gefallen?

Ein korrektes Verhältnis ist kein Ersatz für die Freundlichkeit der Liebe.

Ihre hingebende Liebe in der ersten Zeit lebte in seinem Gedächtnis weiter. Ich gedenke, »da du ... eine liebe Braut warst«. Junge Liebe ist etwas Schönes. Als Hudson Taylor eines Tages im Zug in Frankreich reiste, betrat ein offensichtlich frisch verheiratetes Paar sein Abteil. Die beiden bemerkten den Mitreisenden überhaupt nicht. Die Braut konnte kaum die Augen vom Angesicht ihres Geliebten abwenden und las jeden Wunsch davon ab. Die beiden gingen vollkommen ineinander auf. Taylor sagt darüber: »Mein Herz schrie zum Herrn: Hätte ich doch zu dir eine solche Liebe!«

Gott gedachte mit tiefer Anerkennung der Ausschließlichkeit ihrer Liebe. »Da du mir folgtest.« Er war das Zentrum ihrer Welt, und alles drehte sich um ihn. Persönliche Hingabe an ihn bestimmte ihr ganzes Leben. Doch nun war das »Mir« zum »Es« herabgesunken. Es ist gefährlich leicht, die Hingabe an die Person Jesu in die Hingabe an sein Werk zu verlieren.

Raimund Lullus, der spanische Adelige und glänzende Universitätsprofessor des dreizehnten Jahrhunderts, gab seine verlockenden Zukunftsaussichten auf und entschied sich zur Evangelisation der Mohammedaner. Zweimal wurde er des Landes verwiesen. Eineinhalb Jahre musste er in einem Kerker zubringen. Als alter Mann wurde er an die Wand gestellt und zu Tode gesteinigt. Seine letzten Worte lauteten: »Jesus allein!« Kurz vor seinem Sterben sagte er: »Wer nicht liebt, lebt nicht. Wer aber durch Christus lebt, wird nie sterben.« Sein Einsegnungsgelübde hatte einst gelautet: »Dir, Gott und Herr, weihe ich mich, meine Frau, meine Kinder und all meinen Besitz.« Nie hat er die Ausschließlichkeit seiner Liebe zu Jesus bereut.

Als in Holland die Verfolgung wütete, wurde Geleyn de Muler nahe gelegt, seinem Glauben abzuschwören und das Bibellesen aufzugeben; tue er es nicht, so müsse er den Feuertod erleiden. Er war verheiratet und Vater von vier Kindern. »Liebst du deine Frau und deine Kinder?«, fragte Titelman. »Gott weiß, dass, wäre der Himmel eine Perle und die Erde ein goldener Globus, und besäße ich beides, ich freudig alles für meine Familie hergeben würde, auch wenn dann unsere Nahrung nur noch aus Wasser und Brot bestünde. Doch kann ich Christus um ihretwillen nicht aufgeben.« Er wurde erdrosselt und verbrannt.

Gott vergaß das Opfer ihrer Liebe nicht. »Da du mir folgtest in der Wüste, in dem Lande, da man nichts sät.« Sie liebten mit unberechnender Liebe, einer Liebe, die nicht zurückschreckte vor Gefahren. In ihrer ersten Hingabe waren sie zu jedem Opfer bereit, wenn sie nur bei ihm bleiben durften; denn das Einzige, was die Liebe nicht kann, ist das Ertragen des Getrenntseins. Einsamkeit, Entbehrung, Hunger, Armut fürchteten sie nicht, solange sie den Trost seiner Gegenwart erlebten. In der Wüste gibt es nicht viel Verlockendes. Sie ist ein Ort der Versuchung und Prüfung. Die erste Zeit ihrer Liebe glich »einem Land, da man nichts sät«. — Keine Sicherheit, keine Aussichten! Doch all dies vermochte ihre Liebesglut für den Herrn nicht zu dämpfen. Es war fraglich, ob sie je eine Ernte einbringen würden. Eine Zusicherung für ihre Zukunft gab es nicht, und trotzdem folgten sie ihm nach. Er gedachte mit tiefer Freude der Freundlichkeit ihrer Liebe, die jeder anderen Liebe und allen Aussichten für eine gesicherte Zukunft absagte, um bei ihm bleiben zu dürfen.

Dann ermahnte Christus die Epheser-Gemeinde zur Buße (V. 5). Auch dies ist eine dringende Forderung zu einem sofortigen Wandel der Gesinnung, der Ansichten und des Verhaltens, ehe es zu spät ist. Es ist ein Wort, das das Verstandes- und Willensmäßige verbindet. Es genügte nicht, dass sie ihre Sünden bedauerten oder trauerten, weil sie ihre erste Liebe verlassen hatten. Sie mussten ihn wieder ganz neu lieben, doch dazu fehlte ihnen die Kraft. Der Ausdruck: »Du hast deine erste Liebe verlassen« lässt auf eine Krise in ihrem Leben schließen, einen bestimmten Zeitpunkt, da der kalte Wind zu wehen begann. Der Christ (»Pilgerreise« von Bunyan) fand die verlorene Schriftrolle genau an dem Platz wieder, wo er sie verlassen hatte. Es mag sein, dass dies für einige von uns eine Pilgerreise dorthin zurück bedeuten mag, wo wir die erste Liebe verloren haben.

Zuletzt ermahnt der Herr sie zur Besserung: »Tue die ersten Werke!« (V. 5) Wieder ein Befehl. Sie sollen die Werke wieder tun, die sie früher taten. Die Folgerung ist die, dass der Gesinnungswechsel Christus gegenüber, verbunden mit einer Erneuerung der früheren Werke, die damals einer glühenden Liebe entsprangen, aufs Neue das Feuer der Liebe in ihren Herzen entfache. Liebe ist eine Angelegenheit des Willens und des Gefühls. Ist die Einstellung korrigiert, kehrt die Liebe zurück.

Christus unterstrich seine Befehle mit einer ernsten Warnung: »Tue Buße und tue die ersten Werke! Wenn aber nicht, werde ich dir bald kommen und deinen Leuchter wegstoßen von seiner Stätte, wenn du nicht Buße tust.« Anscheinend wirkte diese Mahnung eine Zeit lang, und in der Ephesus-Gemeinde trat die Liebe wieder offensichtlich in Erscheinung. Doch nicht lange. Die Lampe des Zeugnisses erlosch, und die Geschichte erzählt die Folgen eindrücklich. Ephesus ist heute nur noch ein armseliges Ruinendorf. Vergangen ist seine einstige Pracht, und das christliche Zeugnis ist beinahe ganz ausgestorben. Trech berichtet von seinem Besuch dieses Dorfes. Er fand nur noch drei Christen vor, und diese waren so unwissend, dass sie kaum die Namen der Apostel Paulus und Johannes kannten.

Dieser Brief hat eine zeitgemäße Botschaft und Mahnung an die Gemeinde Jesu dieser Tage. Wo andere Dinge auf Kosten einer heißen Liebe für Christus verherrlicht und im Gemeindeleben vergöttert werden, mag zwar die Körperschaft der Gemeinde erhalten geblieben sein, doch wurde der Leuchter in Wirklichkeit weggestoßen — sie hat den Namen, als lebe sie, doch ist sie tot.

Belohnung

Der Brief schließt nicht mit einer negativen Note. Er begann mit einem Lob und endet mit Belohnung: »Wer überwindet, dem will ich zu essen geben von dem Baum des Lebens, der im Paradies Gottes ist.« (V. 7) Hier ist eine herrliche Verheißung für den enthalten, der auf die Ermahnung und Warnung des Herrn eingeht. Wer überwindet, bekommt etwas viel Besseres als die Speisen, die die Gläubigen in Ephesus den Götzen zu opfern versucht waren. Wer überwindet, wird freien Zugang zum Baum des Lebens haben, von dem Adam im Paradies nicht essen durfte. Ihm wird von dem Baum des Lebens gegeben werden — er wird sich an Christus selbst nähren. Was die Menschen durch die erste Sünde in Eden verloren, ist für jeden Überwinder aller Zeiten herrlich wiederhergestellt.

Kapitel 14

Christi Herrschaft erhebt dich zum Herrscher

»Denn wenn wegen der Sünde des Einen der Tod geherrscht hat durch den Einen, um wie viel mehr werden die, welche die Fülle der Gnade und der Gabe der Gerechtigkeit empfangen, herrschen im Leben durch den Einen, Jesus Christus.« (Röm. 5,17)

Lesetext: Röm. 5,12-21

»Herrschen im Leben« — welch ein verlockendes Bild christlichen Lebens zeichnet Paulus in diesen wenigen Worten! Und als er vom Herrschen schrieb, meinte er nicht eine beschränkte, konstitutionelle Monarchie, wie wir sie heute kennen. Da sind der König und die Königin bloß Symbole, während die Regierung und der Premierminister die ausführende Macht besitzen. Damals besaß der König absolute und despotische Macht, die sich als Wohltat äußerte, wenn er ein guter Mensch war, doch im umgekehrten Fall Tyrannei bedeutete. Wird das Wesen des Königtums so verstanden, dann wird die volle Bedeutung der Stellung, die Paulus im Römerbrief erwähnt, verständlich. Doch diese Auffassung christlichen Lebens scheint weit entfernt zu sein vom praktischen Leben der meisten Gläubigen.

Widerstreitende Herrschermächte

Im 5. Kapitel des Römerbriefes wird auf vier verschiedene Herrschermächte hingewiesen:

»Doch herrscht der Tod von Adam an bis auf Mose« (V. 14).

»Die Sünde hat geherrscht zum Tode« (V. 21).

»Also auch herrsche die Gnade durch die Gerechtigkeit« (V. 21).

»... werden die ... herrschen im Leben...« (V. 17).

Will man die Vorstellung von Paulus über die Herrschermacht anwenden, dann gibt es zwei sich ewig widerstreitende Herrschermächte, die sich darum bemühen, die Festung der Menschenseele gefangenzunehmen und darüber zu herrschen — die Herrschaft der Sünde und des Todes und die Herrschaft der Gnade und Gerechtigkeit. Zwischen diesen beiden steht der Gläubige, der sich für die eine oder andere entscheidet. Zarathustra versteht unter dem Weltall einen Kriegsschauplatz dieser beiden Herrschaften, zwischen dem Gott Ormuzd und dem Gott Ahriman. Des Menschen Stellung in diesem kosmischen Konflikt bestimmt sein Schicksal.

Wir werden nicht im Zweifel gelassen über den göttlichen Zweck und die göttliche Bestimmung. »Sie werden herrschen im Leben«, »da ist die Gnade viel mächtiger geworden.« Gott will, dass seine Kinder ein triumphierendes Leben führen und nicht unterliegen. Paulus zeugte von sich: »Gott aber sei gedankt, der uns allezeit Sieg gibt in Christus und offenbart den Wohlgeruch seiner Erkenntnis durch uns an allen Orten!« (2. Kor. 2,14). Damit zeichnet er das Bild eines Generals, der, von einem siegreichen Kriegszug zurückkehrend, von seinem König und Volk geehrt wird.

Es herrscht ein großer Widerspruch zwischen dem als ideal geschilderten Leben, wie die Schrift es aufzeigt, und demjenigen, das die meisten Gläubigen leben. Nur wenige erfreuen sich ihres überfließenden geistlichen Lebens, andere verbringen es in geistlicher Knappheit. Einige Gläubige existieren, andere leben, wenige herrschen. Wir selbst bestimmen die Ebene, auf der unser Leben gelebt wird, entweder in Sklaverei der Sünde oder im Herrschen in Gerechtigkeit.

Königliche Vorrechte

Der Gedanke des Königtums ist normalerweise verbunden mit bestimmten wünschenswerten Charaktereigenschaften, die sich im Leben des Gläubigen ausprägen sollten. In der regierenden englischen Königin erwarten und finden wir Vornehmheit des Charakters, obgleich sie nicht die absolute Herrschermacht ausübt, wie es in der Zeit des Paulus üblich war. Das Bewusstsein ihrer königlichen Abstammung und ihre strenge Selbstdisziplin haben in ihr einen Adel und eine Haltung gewirkt, die mit ihrer erhabenen Stellung völlig harmoniert. Wir erwarten in ihr eine anziehende Persönlichkeit und sind von der Wirklichkeit nicht enttäuscht. Arm und reich bringt sie dasselbe Interesse und dieselbe Anteilnahme entgegen. Auf ihren königlichen Reisen verliert sie nie an Anmut und Liebreiz, so hoch die gestellten Anforderungen an sie auch sein mögen, oder so erschöpft sie sein mag. Sie ist auch erfüllt von einem Bewusstsein der Autorität, die aus der ständigen Ausübung ihrer Hoheitsrechte, welche ihre königliche Stellung von ihr verlangt, resultiert. Alle, die mit ihr zusammenkommen, sind sich ihrer königlichen Autorität bewusst, und keiner erlaubt sich ihr gegenüber besondere Freiheiten.

Die Königin kennt keine materiellen Beschränkungen. Für sie bedeuten Wünsche Erfüllung. Was immer an Reichtum an Kleidern oder Schmuck zur Schau gestellt wird, immer bleibt der Eindruck uneingeschränkter, unberührter Vorräte. Die Königin erfreut sich, auf alle Fälle theoretisch, einer unbeschränkten Freiheit. Ihr gehört das ganze Land, und alle andern Bewohner dürfen nur mit ihrer Erlaubnis darin leben. Sie darf sich hinwenden, wohin sie will; sie darf tun, was sie will in ihrem ganzen Königreich.

Welch ein faszinierendes Bild christlichen Lebens enthüllt diese lebensnahe Schilderung: Adel, Liebreiz, Autorität, Reichtum, Freiheit! Unser Gott ermuntert uns zu glauben, dass jedes Kind des Königs aller Könige sich dieser geistlichen Eigenschaften und Vorrechte erfreuen könnte und sollte. Leben wir diese nicht aus, und freuen wir uns nicht darüber, ist es nicht, weil sie außerhalb unserer Reichweite lägen, sondern weil wir sie nicht in Anspruch nehmen. Gott ist immer verschwenderisch mit seinen Gaben. Schenkt er Liebe, dann ist es eine Liebe, die alles Wissen übersteigt. Schenkt er Freude, dann ist es eine »unaussprechliche und herrliche Freude«. Unser Friede ist ein »Friede, der alle Vernunft übersteigt«. Unser Gott ist ein Gott der Unüberbietbarkeit.

Hetty Green lebte als Einsiedlerin in einer fest verschlossenen Wohnung in einer amerikanischen Stadt. Durch ein Erbe von 20.000.000 Dollar war sie reich geworden. Nach ihrem Sterben entdeckte man, wie sie anstelle von Wäsche zusammengenähte Zeitungen auf ihrem Leibe trug. Auf diese Weise war es ihr gelungen, noch etwas Geld zu ersparen. Doch könnte von ihr nicht gesagt werden, dass sie ihren Vorrechten oder Geldmitteln gemäß gelebt hätte.

Müssen wir nicht zugeben, dass auch wir auf einer Ebene leben, die weit unter unsern geistlichen Quellen liegt? Wir sind nicht ständig »mehr als Überwinder«. Anstatt über uns selbst, unsere Umstände, unsere Sünden zu herrschen, stehen wir oft unter ihrer Herrschaft. Wir lesen begierig die klare Zusage: »Die Sünde soll nicht über euch herrschen«, doch müssen wir bestürzt bekennen: »Herr, unser Gott, es herrschen wohl andere Herren über uns...« (Jes. 26,13) Dieser Vers ist das peinigende Trugbild einer verlockenden Vorstellung. Anstatt königliche Kleider zu tragen, wickeln wir uns in alte Zeitungen. »Ich weiß sehr gut, dass dies ein Erlebnis ist, in das wir uns einleben müssen«, schrieb Dr. W. M. Clow. »Eine Fülle von Wonne und Glückseligkeit liegt für uns bereit, doch strecken sich nur wenige danach aus. Die meisten verlangen überhaupt nicht danach.« Wir alle leben unser Leben auf einer unnötig niederen Ebene.

Die königlichen Untertanen

Zum Herrschen braucht man Untertanen. Wer sind diese? Die Herrschaft der Sünde und des Todes bedeutet Herrschaft einer

Macht über eine Person. Die Herrschaft der Gnade und Gerechtigkeit ist die Herrschaft einer Person über eine Macht. »Sie sollen herrschen.« Uns ist die Herrschaft über Mächte anvertraut, die sonst uns beherrschen und tyrannisieren würden.

Sünde

»Denn die Sünde wird nicht herrschen können über euch...« Leben wir unter der Herrschaft der Sünde, dann ist es nicht, weil wir den Weg der Befreiung nicht kennen würden, aber tief in unserem Innersten wollen wir diese nicht. Es ist nicht, weil die volle Vorsorge zur Befreiung nicht getroffen wäre im Sterben und Auferstehen Christi und dem innewohnenden Heiligen Geist. Weil »der Tod hinfort nicht über ihn herrschen wird«, sagt Paulus, »wird die Sünde nicht herrschen können über euch« (Röm. 6,9.14). Bedrängende Sünde hält viele von uns in ihren Banden und drosselt unser geistliches Leben. Doch wir können über jede Form der Sünde herrschen. Unser geistliches Leben braucht sich von keiner sündigen Gebundenheit beeinträchtigen lassen.

Umstände

Entweder herrschen wir über unsere Umstände, oder diese beherrschen uns. Es gibt keinen Mittelweg. Wir sind ihre Spielzeuge, oder sie sind unsere Untertanen. In den letzten Versen von Römer 8 nennt Paulus ein paar der schlimmsten Umstände, in denen sich der Gläubige befinden kann: »Wer will uns scheiden von der Liebe Christi? Trübsal oder Angst oder Verfolgung oder Hunger oder Blöße oder Gefahr oder Schwert?«, und er fügt hinzu: »Aber in dem allen überwinden wir weit durch den, der uns geliebt hat« (Rom. 8,35.37). Wir brauchen an das Fleisch keine Zugeständnisse zu machen, wenn doch der Triumph Christi unser Triumph ist.

Versagen

Dieses Wort ist in unseren Tagen zu einem psychologischen Schlagwort geworden, weil es viele Gläubige charakterisiert, die sich der Herrschaft Christi nicht unterstellt haben und deshalb

143

das Leben zwecklos und als Enttäuschung werten. Für den Gläubigen, dem der Wille Gottes Lebensregel geworden ist, gibt es keine Enttäuschung. Von Jesus war vor seiner Geburt und in seinem Leben reichlich bestätigt vorausgesagt: »Deinen Willen, mein Gott, tue ich gern.« Dieses Wort klingt nicht nach Enttäuschung. Wenn ein Leben das Handeln nach Gottes Willen als vornehmste Pflicht übt, bedeutet dies eine Quelle endloser Freude und Wonne.

Unzulänglichkeit

Was gewöhnlich als Entschuldigung für ein Leben auf einer niedrigen Ebene und armseligen geistlichen Dienst angeführt wird, kann in Wirklichkeit ein großer Segen sein. »Selig sind, die geistlich arm sind« — die Unvermögenden —, sagte der Herr.

Doch Unvermögen bringt nur Segen, wenn es uns auf die unbeschränkten Möglichkeiten in Christus wirft. Unvermögen, auch wenn wir es ihm bekennen, gefällt Gott nicht. Das hat Mose erfahren. Wenn Gott jemand für einen Auftrag beruft, dann bedeutet der Ruf, dass die notwendige Befähigung darin eingeschlossen ist. Das Zeugnis des Paulus lautete: »Ich vermag alles durch den, der mich mächtig macht, Christus.«

Gefühlsregungen

Keine Tyrannei ist gewalttätiger als unsere Gefühle, und nichts ist verheerender für die Menschen, mit denen wir zusammen leben und arbeiten, als diese. In vielen Familien herrscht eine beständige Spannung, um nicht zu sagen Zwietracht, weil ein Familienglied oder mehrere nichts über das Beherrschen ihrer Gefühlsregungen wissen. Sie verbreiten eine bestimmte »Atmosphäre«, wo immer sie sind. Die andern Familienglieder sehen sie verstohlen an, wenn sie am Morgen erscheinen, um herauszufinden, in welcher Richtung der Wind weht, in welchem Gemütszustand sie sich befinden. Wir sollten bedenken, dass Gefühle nicht unbedeutend sind. Sie sind der Widerschein unseres inneren Zustandes. Sind wir selbst beherrscht, werden es auch unsere Gefühle sein. Sind wir im Zentrum unseres Wesens in unserem Verhältnis zum Herrn in Ordnung, werden unsere Äußerungen davon zeugen. Wir sollten im Bereich des Willens leben, nicht in den Gefühlen. Was wir wählen, das sind wir. Herrschen ist keine Gefühlsregung. Herrschen ist zweckvolles Ausüben bewusster Vorzugsrechte. Gott will, dass wir den Thron besteigen und über unsere Gefühle herrschen.

Befürchtungen

Der Schreiber des Hebräerbriefes redet von der Erlösung der Menschen, welche »durch Furcht des Todes im ganzen Leben Knechte sein mussten« (Hebr. 2,15).

Oft ist eine Furcht wirklich begründet, doch ist sie meistens etwas Nichtgreifbares, eine namenlose Angst, die den Geist gefangen nimmt und verwirrt. Es gibt Menschen, die fürchten sich vor allem. Sie fürchten die Menschen, die Vergangenheit, die Zukunft, alles Unbekannte. Sie fürchten sich vor jeder Verantwortung und jeder Entscheidung, und »die Furcht hat Pein« (1. Joh. 4,18). Aber wir haben die herrliche Möglichkeit, über unsere Befürchtungen zu herrschen, denn es steht geschrieben: »Ich will dich nicht verlassen noch versäumen, also dass wir dürfen sagen: Der Herr ist mein Helfer, ich will mich nicht fürchten...« (Hebr. 13,5-6). Beachte, dass zwei Dinge im Herrschen über die Sünde eingeschlossen sind: Vertrauen in die zugesicherte Gemeinschaft mit Gott und die bestimmte Willenshaltung, dass er unser Helfer ist und wir uns nicht fürchten werden. Der allgegenwärtige Gott lebt und stärkt den schwachen menschlichen Willen.

Die königlichen Quellen

Wenn der Vers, den wir studieren, etwas bedeutet, dann gibt es keinen geistlichen Segen, den uns Gott nicht frei anbietet, wenn wir ihn darum bäten und danach trachteten. Beachte die Möglichkeiten, die uns zur freien Verfügung stehen: »die Fülle der Gnade und die Gabe zur Gerechtigkeit«. Wir mögen verstandesgemäß einwilligen in die theologische Wahrheit, dass Gottes Gnade mehr als ausreichend vorhanden sei für unsere Bedürfnisse, und doch mag dies erfahrungsgemäß durchaus nicht der Fall sein. Die Quellen sind uns angeboten, aber es steht uns frei, davon Gebrauch zu machen oder nicht. Es muss beachtet werden, dass »leben wie Könige« und »im Leben herrschen« nie getrennt sind von Gott. Paulus betont immer wieder: »Sie werden herrschen im Leben durch einen, Jesus Christus«. Unser Königsleben ist die direkte Auswirkung seines Lebens in uns. Regiert er in uns, dann leben wir diese Regentschaft aus. Er hat uns die Gewinne seiner Liebe bereits zugänglich gemacht, doch warten sie auf unsere Aneignung.

»Jesus Christus, der uns gesegnet hat mit allerlei geistlichem Segen...« (Eph. 1,3) »Welcher auch seines eigenen Sohnes nicht hat verschont, sondern hat ihn für uns alle dahingegeben, wie sollte er uns mit ihm nicht alles schenken?« (Röm. 8,32) »Es ist alles euer ... ihr aber seid Christi, Christus aber ist Gottes.« (1. Kor. 3,21.23)

Diese Verse machen es kristallklar, dass Gott keine besonders Bevorzugten hat. Er macht keinen Unterschied im Schenken zwischen den Gläubigen. Es gibt keine benachteiligten Gläubigen, wenn es um königliche Hilfsquellen geht. Alle dürfen sich diese teilen. Der einzige Unterschied liegt in der Annahme. Man kann sich fragen, warum bei so vielen Gläubigen von diesem Besitz so wenig offenbar ist in ihrem Leben, wenn doch diese Hilfsquellen allen offenstehen, die in Christus erfunden sind. Kann das Haupt reich sein und der Leib arm? Ja, wenn das Blut nicht ungehemmt zirkulieren kann. Der Glaube ist das Blut des geistlichen Lebens, und wenn der Glaube sich nicht betätigt, dann ist geistliche Armut das unweigerliche Resultat.

Das königliche Geheimnis

»Viel mehr werden die, welche da empfangen ..., herrschen«, erklärt Paulus. Empfangen und Herrschen sind siamesische

Zwillinge. Das eine kann nicht leben ohne das andere. Was Gott zusammenfügt, das kann der Mensch nicht scheiden. Wenn einzelne Gläubige geistliche Riesen werden, während andere geistliche Zwerge bleiben, ist es darum, weil die einen viel angenommen haben, während andere Gottes mehr als ausreichende Gnade nicht in Anspruch nahmen.

Aneignung heißt, Gottes Zusagen nehmen und diese Wirklichkeiten in unserem christlichen Erleben ausgestalten. Sie nimmt Gottes Verheißungen in Anspruch und »wusste aufs allergewisseste, was Gott verheißt, das kann er auch tun« (Rom. 4,21). »Er ward nicht schwach im Glauben.« Uns allen, wie dem größten Heiligen, der je lebte, sind dieselben geistlichen Möglichkeiten zur Verfügung gestellt. Der Stand unseres königlichen Lebens wird durch unser Maß des Annehmens und In-die-Tat-Umsetzens ersichtlich. In seinem unvergleichlichen Gleichnis des verlorenen Sohnes machte unser Herr klar, dass der Vater »ihnen das Gute teilte« — dem älteren Bruder gleich viel wie dem jüngeren. Und doch beklagte sich der ältere: »Du hast mir nie einen Bock gegeben, dass ich mit meinen Freunden fröhlich wäre.« Der Unterschied lag nicht im Geschenk, sondern in der Aneignung. Der verlorene Sohn ehrte wenigstens den Vater durch die Annahme dessen, was ihm angeboten ward.

Unsere Freude in geistlichen Segnungen ist genau beschränkt auf unser Annehmen. Wir freuen uns nicht dessen, was wir ersehnen, erhoffen oder sogar erbitten, sondern dessen, was wir in Besitz nehmen. Wir können lebenslang seufzen nach einem Herrscherleben, doch erlangen wir es erst, wenn wir die Zusicherung seiner Verheißung persönlich annehmen. »... werden die, so da empfangen ..., herrschen«, und nur dann. Kanaan war den Israeliten zugesprochen, doch dauerte es viele Jahre, bis sie sich seiner Segnungen, Vorrechte und Wohltaten erfreuten. Erst als sie Schritt für Schritt das Land einnahmen, wurden sie ihrer teilhaftig. Sie hätten das Land vierzig Jahre früher betreten können, hätten sie das, was Gott ihnen bereits geschenkt hatte, angenommen und zu Eigen gemacht.

Haben wir einen Bankkredit, dann brauchen wir den Kassierer der Bank nicht um die Herausgabe des Geldes anzuflehen. Wir brauchen nur durch die Abgabe des Schecks zu fordern, was uns bereits gehört. Man sagt, es stünden in der Schrift 30.000 Verheißungen; doch haben diese nicht mehr Wert als Zeitungsanzeigen, wenn wir sie uns nicht persönlich aneignen.

Über dem Stadthaus von Philadelphia erhebt sich die Statue William Penns, des Quäkers, der den Staat Pennsylvanien gründete. Er verstand sich gut mit den roten Indianern, und in Anerkennung seiner Freundlichkeit sagten sie ihm eines Tages, sie wollten ihm so viel Land schenken, wie er in einem Tag zu Fuß umkreisen könne. Er nahm sie beim Wort. Am nächsten Tag stand er früh auf und wanderte den ganzen Tag. In später Nachtstunde kehrte er zurück und wurde von einer Gruppe verschmitzt lächelnder Indianer empfangen. »Das Weißgesicht hat heute einen sehr weiten Spaziergang gemacht«, sagten sie. Doch sie hielten ihr Versprechen, und Penn erhielt alles Land, das er an jenem Tag durchzogen hatte — das heutige Pennsylvanien. Löst Gott seine Verheißungen weniger treu ein?

Man könnte einwenden, die angeführten Illustrationen handelten von greifbaren Dingen, während geistliche Segnungen unberührbar und das Annehmen derselben schwieriger sei. Nehmen wir nicht laufend Unberührbares entgegen? Liebe mag verschwenderisch, ohne Einschränkung vorhanden sein, doch kann sie erst erfreuen, wenn an sie geglaubt und sie angenommen wird. Vergebung mag uns frei geschenkt sein, doch bringt sie keine Befreiung, bis sie geglaubt und angenommen wird. Unser Herr sprach ein unveränderliches Gesetz des geistlichen Lebens aus, als er sagte: »Euch geschehe nach eurem Glauben!« Du besitzt nur, was du nimmst.

Der verstorbene Dr. F. B. Meyer erzählte, wie er das königliche Geheimnis des Aneignens lernte. Eines Tages sprach er zu einer großen Kinderschar, die sich je länger, desto ungestümer benahm. Er stand in der Gefahr, die Geduld zu verlieren, und erkannte, dass er seinen Zorn bald nicht mehr zurückhalten könne, über den er nie völlig hatte herrschen können. Er schämte sich seines Versagens, doch konnte er es nicht ändern. In seiner Herzensnot schrie er zum Herrn: »Deine Geduld, Herr!« Sofort war ihm, als ob sich ein Strahl kühlender Geduld in sein Herz ergieße. Aller Zorn und Ärger erstarb, und er konnte die Versammlung zu einem gesegneten Abschluss bringen.

Das Erlebnis war so eindrucksvoll, so bestimmt, so entscheidend, und die Befreiung war so vollkommen, dass er nicht im Zweifel sein konnte über die Entdeckung eines kostbaren Geheimnisses. Er sagt weiter, wie er später immer wieder die gleiche Formel angewendet habe. Er behielt die Worte »Dein ..., Herr« bei und fügte zwischen diese beiden hinein, was ihm jeweils Not bereitete. Fühlte er sich einsam: »Deine Gegenwart, Herr!« Plagte ihn Furcht: »Deine Ruhe, Herr!« Versuchte ihn Unreinheit: »Deine Reinheit, Herr!« Kamen in seinem Herzen kritische Gedanken über andere auf: »Deine Liebe, Herr!« Gott hatte ihm geschenkt, »was zum Leben und göttlichem Wandel dient«, und er nahm das Angebotene seinem jeweiligen Bedürfnis entsprechend entgegen. Er entdeckte, dass Jesus allen seinen Nöten zu begegnen im Stande war. Er erlebte, wie wir es erleben dürfen, welch ein weiter Unterschied zwischen bittendem und empfangendem Glauben besteht. Nur die Empfangenden werden im Leben wirklich herrschen.

Teil III
Gottes Geist will dich erfüllen

Kapitel 15

Gottes Geist will dich erfüllen

»Und es geschah plötzlich ein Brausen vom Himmel wie von einem gewaltigen Wind und erfüllte das ganze Haus, in dem sie saßen.« (Apg. 2,2)

Lesetext: Joh. 20,19-23; Apg. 2,1-4

»Stecken geblieben zwischen Ostern und Pfingsten.« Es lohnt sich, diese erstaunliche Diagnose des geistlichen Zustandes vieler Gläubigen sorgfältig zu überdenken und auf sich anzuwenden. Es ist möglich, sich der Tatsache der Auferstehung zu erfreuen, ohne die Verheißung der Ausrüstung mit der Kraft des auferstandenen Christus je erlebt zu haben, wovon Pfingsten Vorbild war. Warum besteht solch ein großer Unterschied zwischen der geistlichen Kraft der ersten Gemeinde und der Praxis in der Gemeinde der Gegenwart? Die einzige Erklärung ist die, dass es keine Früchte ohne Wurzeln gibt. Der Erfolg der ersten Gemeinde war das Ergebnis ihrer geistlichen Ausrüstung. Die Schrift macht es unzweideutig klar, dass diese Salbung und ihre Stärkung den Christen der Gegenwart genauso zur Verfügung steht wie damals an Pfingsten.

Pfingsten war die notwendige Ergänzung zu Golgatha. Der christliche Glaube und die christliche Erfahrung sind wie die beiden Mittelpunkte einer Ellipse. Ohne Pfingsten hätte Golgatha seinen Zweck verfehlt und nicht genügt, eine verlorene Welt zu erlösen. Es hätte einer vollkommenen Maschine geglichen, der die nötige Antriebskraft gefehlt hätte: Jungfrauengeburt, sündloses Leben, stellvertretendes Sterben und sieghaftes Auferstehen waren seit vierzig Tagen erfüllt, ohne dass irgend etwas geschah — bis zum Pfingsttag. Erst dann wurde die Erlösung wirksam.

Pfingsten war die Bestätigung der Verschmelzung zwischen

dem göttlichen Zweck und der geistlichen Vorbereitung des Menschen, dem er die Erfüllung anvertraute. Der ganze Zeitpunkt des Herabkommens des Geistes war Jahrhunderte vorher angekündigt worden. Das Pfingstfest musste fünfzig Tage nach dem Passahfest gefeiert werden (3. Mose 23). Somit musste Pfingsten fünfzig Tage, nachdem »Christus, unser Passahlamm, geopfert wurde«, gefeiert werden. So geschah es mit allen gesegneten Erfüllungen der Verheißungen.

Zwei der großen Erweckungsprediger der Vergangenheit waren Jonathan Edwards und Charles G. Finney. Edwards sah in der Erweckung eine souveräne Tat Gottes, die in keiner Weise durch menschliche Vorbereitungen oder Anstrengungen herbeigeführt werden konnte. Finney dagegen behauptete, dass der Mensch sie immer dann erleben könne, wenn er willig sei, den Preis einer rechten Herzensvorbereitung zu bezahlen. Pfingsten zeigte, wie beide Ansichten richtig und falsch sind. Der Heilige Geist kam hernieder, »als der Tag der Pfingsten erfüllt war« (Apg. 2, 1). Kein Maß an Selbstentäußerung oder Herzensvorbereitung der Jünger hätte sein Herabkommen zu einer andern Zeit herbeiführen können. Doch diese souveräne Tat Gottes fiel mit einem tiefen Sichdemütigen und einer echten Selbsterniedrigung zusammen. Der Geist wäre nicht über jene Männer und Frauen gekommen, wenn sie ihre Herzen nicht darauf vorbereitet hätten. Die zehn Tage des Wartens und Gebets hatten in ihnen ein unerträgliches Verlangen nach der Erfüllung der »Verheißung meines Vaters« (Luk. 24, 49) gewirkt. An Pfingsten war der erhabene Plan Gottes und die notwendige Vorbereitung des Menschen ausgereift, und es folgte sogleich ein spontanes göttliches Eingreifen. »Es geschah ... vom Himmel.« Drei übernatürliche Erscheinungen:

»Und es geschah schnell ein Brausen vom Himmel wie eines gewaltigen Windes und erfüllte das ganze Haus, da sie saßen.« (Apg. 2, 2) Dies war ein gemeinsames Erlebnis. Es kündigte des Heiligen Geistes geheimnisvolles Erneuern und Reinigen innerhalb der Gemeinde Jesu an.

»Und es erschienen ihnen Zungen, zerteilt, wie vom Feuer; und er setzte sich auf einen jeglichen unter ihnen.« (Apg. 2, 3)

Das war ein individuelles Erlebnis und symbolisierte das Amt des Schmelzens, Erwärmens und Verbrennens.

»Als nun dieses Brausen geschah, kam die Menge zusammen und wurde bestürzt; denn ein jeder hörte sie in seiner eigenen Sprache reden.« (Apg. 2,6)

Dies war die Folge geistgewirkter Zeugnisse von Männern und Frauen mit feurigen Zungen, als sie von dem wunderbaren Handeln Gottes redeten — das Gegenteil von Babel. Damals entsetzten sich die Menschen, weil aus einer einzigen Sprache deren viele wurden. Nun erschraken sie, weil aus vielen Sprachen eine wurde.

Pfingsten hatte aber nicht nur eine geschichtliche und befreiende Bedeutung, sondern auch praktische und persönliche Folgerungen für die ersten Jünger und auch für uns, die durch ihr Wort an Christus glauben (Joh. 17,20). Sie selbst wussten, dass etwas Bedeutungsvolles in ihnen geschehen war. Anstatt sich hinter verschlossenen Türen zu verbergen, »aus Furcht vor den Juden« (Joh. 20,19), »lobten sie Gott«: »... und brachen das Brot hin und her in den Häusern... und lobten Gott mit Freuden ... und hatten Gnade bei dem ganzen Volk.« (Apg. 2,46.47)

Die in Jerusalem versammelte Menge erkannte, dass die Jünger Unbegreifliches erlebt haben mussten. In ihrem Eifer, diese ihre geheimnisvolle Veränderung zu erklären, sagten sie spöttisch: »Diese sind voll süßen Weins.« Sie waren der Wahrheit näher, als sie ahnten, und doch unendlich weit davon entfernt. Petrus, der immer eine Antwort bereit hatte, antwortete mutig: »Denn diese sind nicht betrunken, wie ihr meint, ist es doch erst die dritte Stunde am Tage; sondern das ist's, was durch den Propheten Joel gesagt worden ist (Joel 3,1-5): Und es soll geschehen in den letzten Tagen, spricht Gott, da will ich ausgießen von meinem Geist auf alles Fleisch; und eure Söhne und eure Töchter sollen weissagen, und eure Jünglinge sollen Gesichte sehen, und eure Alten sollen Träume haben...« (Apg. 2,15-17) Sie waren trunken, doch nicht durch des Teufels Antrieb. Der Geist bewirkte es. Die Menschen greifen gewöhnlich zu Kräftigungsmitteln, wenn sie sich ihrer Unzulänglichkeit den Anforderungen des Lebens gegenüber bewusst werden. Darum müssen sie äußere Mittel anwenden. Gott, der um das volle Ausmaß menschlicher Unzulänglichkeit weiß, hat für diese weltweite Not ausreichende Vorsorge getroffen. Paulus bezieht sich darauf in seiner gegensätzlichen Ermahnung: »Saufet euch nicht voll Wein, daraus ein unordentlich Wesen folgt, sondern werdet voll Geistes!« (Eph. 5, 18) Jesus selbst ist das göttliche Kraftmittel.

Das Ausmaß der Verwandlung, die das Herabkommen des Heiligen Geistes in den wartenden Jüngern bewirkte, war erstaunlich. Der lebendige Christus wurde ihnen zur lebendigen Wirklichkeit. Sie predigten, als stünde er dicht neben ihnen. Sie erhielten eine ganz neue Schau über die Bedeutung des ihnen wohlbekannten Alten Testaments. Als Petrus in seiner Rede Vers an Vers reihte, konnte er mit Gewissheit sagen: »Das ist's, was durch den Propheten Joel zuvor gesagt ist...« (Apg. 2, 16) Ihre Rede bekam Autorität und wurde maßgebend und scharf. Ihre geistgewirkten Worte erzeugten in den Hörern eine tiefe Selbsterkenntnis (Apg. 2, 37). Sie hinterließen in den Herzen der Zuhörer befreiende Eindrücke, und die Jünger selbst richteten ihr Zeugnis ohne Furcht aus (Apg. 4, 31).

Eine der bemerkenswertesten Veränderungen in ihrer Haltung war ihre Bereitschaft zum völligen Aufgehen in den Interessen zur Verbreitung des Evangeliums. Jetzt waren sie eine Gruppe selbstloser Jünger, die nur ein Ziel kannten: Christus zu predigen. Dr. A. B. Simpson machte in diesem Zusammenhang eine aufrüttelnde Feststellung. »Nicht viele Flüsse fließen in das Meer. Die meisten vereinigen sich mit andern. Die besten Arbeiter sind nicht die, die für sich ein besonderes Einflussgebiet und Ansehen verlangen, sondern zufrieden sind, wenn ihre Segensströme in andere einmünden.«

So wurde durch die Ausgießung des Heiligen Geistes die Umwandlung in den ersten Gläubigen gewirkt. Wie kann ein ähnliches Erlebnis seiner umwandelnden Kraft in unserem Leben geschehen? Die erste Botschaft des auferstandenen Herrn an seine Jünger beleuchtet diese Frage des persönlichen Teilhabens am Segen und den Wohltaten des Heiligen Geistes in seinem Wirken.

»Am Abend aber desselben ersten Tages der Woche, da die Jünger versammelt und die Türen verschlossen waren aus Furcht vor den Juden, kam Jesus und trat mitten ein und spricht zu ihnen: Friede sei mit euch! Und als er das gesagt hatte, zeigte er ihnen die Hände und seine Seite. Da wurden die Jünger froh, dass sie den Herrn sahen. Da sprach Jesus abermals zu ihnen: Friede sei mit euch! Gleichwie mich der Vater gesandt hat, so sende ich euch. Und da er das gesagt hatte, blies er sie an und spricht zu ihnen: Nehmet hin den Heiligen Geist!« (Joh. 20,19-22)

Damit wir die Bedeutung der symbolischen Handlung oder eigentlich des Anblasens unseres Herrn verstehen, sollten wir beachten, dass das Wort »Geist« vom lateinischen *»Spiritus«* Atem hergeleitet ist. Wir »atmen ein«, wenn wir die Luft einziehen, und »atmen aus«, wenn wir sie ausstoßen. Das griechische Wort für Geist *»pneuma«* bedeutet ebenfalls Wind oder Atem. Das hebräische Wort für Geist *»ruach«* hat dieselbe Bedeutung. Hiob bediente sich des hebräischen poetischen Mittels der Wiederholung von Gedanken und sagte: »Der Geist Gottes hat mich gemacht, und der Odem des Allmächtigen hat mir das Leben gegeben« (Hiob 33,4) und stellt damit den »Odem des Allmächtigen« dem »Geist Gottes« gleich. Damit gebraucht er eine Sprechweise, die in der Schrift immer wieder angewendet ist. Der Geist ist so genannt, weil er die direkte Offenbarung Gottes, die Darstellung seiner Gegenwart ist.

Am Anfang der Schöpfung brachte der Odem Gottes Ordnung in das Chaos (1. Mose 1,2-3). Der Mensch ward eine lebendige Seele, als Gott ihm den »lebendigen Odem in die Nase blies« (1. Mose 2,7). Hesekiel sah leblose Gebeine zu einem lebendigen Heer werden, als er gehorsam dem göttlichen Befehl betete: »Wind, komm herzu aus den vier Winden und blase diese Getöteten an!« (Hes. 37,9)

Lasst uns im Blick darauf überlegen, was die symbolische Handlung Jesu bedeutete, in der er seinen Jüngern die Quelle ihrer Kraft anschaulich darstellte! Als erstes bot er ihnen in zwei Wiederholungen Frieden an (Joh. 20,21). Dann gibt er ihnen den großen Auftrag: »Gleichwie mich der Vater gesandt hat, so sende ich euch.« Darauf kommt die Verleihung des Heiligen Geistes: »Er blies sie an und spricht zu ihnen: Nehmet hin den Heiligen Geist!« (V. 22), ohne dessen Hilfe sie keine Kraft zur Ausführung des Auftrags besäßen. Dies war ein kleiner Vorgeschmack des vollen Geschenks des Heiligen Geistes an Pfingsten und lehrt uns eine wertvolle Lektion. Es scheint, als habe er gesagt: »Alles, was du tun musst, ist, den Geist einatmen und den Geist nehmen, den ich dir jetzt übermittle. Er ist die Vollmacht, die dich zur Ausrichtung meines Auftrags befähigt.«

Dieses anschauliche Bild des Aus- und Einatmens illustriert die Art des In-Empfangnehmens des Heiligen Geistes. Die Jünger atmeten ein, was Jesus ausatmete. Könnte irgendein anderes Bild einfacher sein? Am Pfingsttag atmete Christus aus — »und es geschah schnell ein Brausen vom Himmel wie eines gewaltigen Windes«. Sie atmeten ein — »und sie wurden alle voll des Heiligen Geistes«. Das Einatmen ist gleich bedeutend mit Empfangen. Wenn wir einatmen, also den Heiligen Geist empfangen, dann wird seine Eigenart unsere Art, genau wie wenn wir Eisen ins Feuer legen und das Feuer in dieses übergeht, dann nimmt das Eisen zu einem Teil die besonderen Eigenschaften des Feuers an.

Es ist ein bekanntes Gesetz, dass die Natur keine Leere verträgt. Durch das Ausatmen entsteht in uns ein leerer Raum, und wir füllen diesen wieder durch das Einatmen. Sollen wir zum ersten Mal oder erneut das Erfülltwerden mit dem Heiligen Geist erleben, dann müssen wir zuerst ausatmen, das heißt, jede andere Abhängigkeit aufgeben, und dann einatmen, um uns seine Hinlänglichkeit und Kraft zu Eigen zu machen.

Dr. J. Wilbur Chapman, ein bekannter amerikanischer Evangelist, der zusammen mit Charles Alexander in vielen Ländern geistesmächtig evangelisierte, war eines Tages tief besorgt im Blick auf die Fruchtlosigkeit seines Dienstes. »Was ist mit mir los?«, fragte er Dr. F. B. Meyer. »So oft versage ich, so oft bin ich kraftlos. Was mag der Grund dafür sein?« — »Haben Sie je versucht, dreimal auszuatmen, ohne ein einziges Mal einzuatmen?«, lautete die ruhige Entgegnung. Dr. Chapman brauchte keine weitere Erklärung.

Man sollte noch hinzufügen, dass im gegenwärtigen Zeitabschnitt, im Zeitalter des Heiligen Geistes, der Gläubige den Heiligen Geist nicht noch besonders bekommen muss, denn Paulus sagt: »Wer aber Christi Geist nicht hat, der ist nicht sein« (Rom. 8,9). Als Paulus mit den zwölf Jüngern in Ephesus zusammentraf, fragte er sie: »Habt ihr den Heiligen Geist empfangen, da ihr gläubig wurdet?« Sie sprachen zu ihm: »Wir haben noch nie gehört, ob ein Heiliger Geist sei.« (Apg. 19,2) Waren sie wirklich an Christus gläubig geworden, dann wohnte der Heilige Geist in ihnen. Doch ihre Unkenntnis der Tatsache beraubte sie vieler Wohltaten seines Wirkens in ihrem Leben. Erst als Paulus zu ihnen kam, erkannten sie ihre Unkenntnis über seine Macht. War es nicht die gleiche Möglichkeit der Unkenntnis, die Paulus veranlasste, an die Gläubigen in Korinth zu schreiben: »Wisset ihr nicht, dass ihr Gottes Tempel seid und der Geist Gottes in euch wohnt?« (1. Kor. 3, 16) »Empfangen« schließt in seiner vollen Bedeutung eine bewusste Willensentscheidung ein. Besitztum und bewusstes In-Empfangnehmen gehen nicht immer zusammen.

Es nützt mir nicht viel, einen Scheck von 1000 Euro in meier Tasche zu haben, wenn mir sein Vorhandensein nicht bekannt ist oder ich darum weiß, doch seinen Wert nicht kenne. Ich würde ihn besitzen, und doch bedeutete er mir nicht mehr als ein Blatt Papier. Doch hätte ich ihn nicht in Wirklichkeit empfangen, bis ich ihn in der Bank vorwiese und seinen Wert in bar ausbezahlt bekäme.

Wenn dies so ist, dann ist es an uns, auszuatmen — aus unserm Leben alles Unreine und Unwerte auszuhauchen — und dann einzuatmen — den Heiligen Geist in der ganzen Fülle bewusst anzunehmen. Er wurde uns gesandt als Vertreter des Erlösers, uns zu leiten, zu bestimmen und zu bevollmächtigen. Empfangen wir ihn in dieser Eigenschaft, der ohne unser Wissen in uns wohnte, dann ermöglichen wir ihm, seinen gnadenreichen Dienst mit unserm vollen Wissen und Einverständnis auszuüben.

Kapitel 16

Gottes Geist will dich verwandeln

»Nun aber schauen wir alle mit aufgedecktem Angesicht die Herrlichkeit des Herrn wie in einem Spiegel, und werden verklärt in sein Bild von einer Herrlichkeit zur andern von dem Herrn, der der Geist ist.« (2. Kor. 3,18)

Lesetext: 2. Korinther 3

»Wie können wir Christus ähnlich werden?« Dieser Bibelvers gibt uns eine befriedigende Antwort auf diese verlangende Frage manches Herzens. Es gibt darauf nicht bloß eine einzige Antwort, denn die christlichen Erfahrungen sind so vielfältig und die Fülle des Segens wird nicht von allen in derselben Weise oder durch den gleichen Aspekt der Wahrheit erlebt. Doch dieser Abschnitt erklärt in unmissverständlichen Worten eines der größten Geheimnisse des Verklärtwerdens in das Bild Christi.

Der Sinn dieser verlockenden Möglichkeit zeigt einen erstaunlichen Gegensatz auf zwischen dem Alten Bund des Gesetzes und dem neuen Gnadenbund, dem vergänglichen Glanz des einen und der bleibenden Herrlichkeit des anderen. Zwischen Mose mit der verhüllenden Decke und dem Gläubigen, von dem der Schleier genommen ist. Der Alte Bund forderte vom Menschen die eigene Anstrengung zur Erreichung der göttlichen Ebene seiner Herrlichkeit in der Erfüllung der Zehn Gebote, eine Forderung, die nur in tiefe Verzweiflung führte. Die hehre Offenbarung des Neuen Bundes zeigte, dass die Verwandlung des Charakters in die Ähnlichkeit mit Christus nicht durch mühevolle Anstrengungen erreicht wird, sondern durch Anschauen, Glauben und Wirken des Heiligen Geistes im Herzen des Gläubigen. Der Alte Bund Moses war ein Amt des Todes und der Verdammnis, doch der Neue Bund, der durch den Tod Jesu eingeführt wurde, ist ein Amt der Gerechtigkeit und des Lebens (V. 7.8). Das Sehnen Moses unter dem Alten Bund ist ausgedrückt in seiner Bitte: »Lass mich deine Herrlichkeit sehen!« Das Bewusstsein dieses Sehnens im Neuen Bund ist in dem Bibelwort ersichtlich: »Nun aber spiegelt sich in uns allen des Herrn Klarheit mit aufgedecktem Angesicht, und wir werden verklärt in dasselbe Bild.«

Eine objektive Schau

»Nun aber schauen wir alle mit aufgedecktem Angesicht die Herrlichkeit des Herrn...« Die Verwandlung des Charakters beginnt nicht mit einem subjektiven Selbstbeobachten, sondern mit einer objektiven Schau der Herrlichkeit des Herrn und des Herrn der Herrlichkeit. Es ist »Christus Jesus, welcher uns gemacht ist von Gott zur ... Heiligung« (1. Kor. 1,30). Und wo sehen wir sie? Nicht am hell erleuchteten Himmel, sondern in seinem Wort, dem Spiegel seiner vollkommenen Menschensohnschaft, seinem sündlosen Charakter, seiner einzigartigen Person und seinem Amt als Mittler. Im Blick auf das Wort Gottes sagte Jesus: »Suchet in der Schrift, ... sie ist's, die von mir zeuget.« (Joh. 5,39) Paulus behauptet, dass »der helle Schein ... der Erkenntnis der Klarheit Gottes in dem Angesichte Jesu Christi« gesehen werde (2. Kor. 4,6). Wo aber kann dieses Angesicht gesehen werden? Nicht auf der Leinwand eines Künstlers; denn das schönste Porträt ist nur die Wiedergabe seiner Vorstellung von Christus. Die Christusherrlichkeit kann nur in den Schriften seiner vom Geist inspirierten Biografen erschaut werden, die mit peinlicher Genauigkeit ein vollkommenes Porträt seiner selbst wiedergeben.

Die Juden schauten wohl sein Antlitz, doch konnten sie die Herrlichkeit nicht sehen, weil eine Decke über ihren Herzen lag, eine Decke des Vorurteils, des Hasses und des Unglaubens, die weit undurchsichtiger war als diejenige, die das strahlende Antlitz des Mose verbarg. Aber Paulus schreibt, dass diese Decke durch Christus hinweggenommen sei. Und nun »dürfen alle« — nicht bloß einige besonders heilige Leute einer auserlesenen Gruppe von Gläubigen — »mit aufgedecktem Angesicht« seine Herrlichkeit schauen. Die hier angeführte Herrlichkeit ist die herrliche Schönheit und Vollkommenheit seines Charakters und Wandels, die aus der ganzen Schrift hervorleuchtet.

Eine subjektive Umgestaltung

»... und werden verklärt in sein Bild...« Diese objektive Schau hat einen subjektiven Zweck: dass wir »verwandelt werden in sein Bild«. Gott ist nicht zufrieden mit uns so, wie wir sind. Und wenn wir uns selbst wirklich kennen, sind auch wir nicht mit uns selbst zufrieden. Der Vater hat Wohlgefallen am Menschensohn, weil er alle seine Pläne in Vollkommenheit und genau seinem Willen gemäß erfüllte. Er will alle seine Kinder verwandelt sehen oder, wie die Schrift sagt, »verklärt in sein Bild«. Als Jesus vor seinen Jüngern verklärt wurde, zog er für einen Augenblick die Decke des Fleisches von seinem Angesicht hinweg, die seine innewohnende und wesenseigene Herrlichkeit verbarg. Er gestattete den drei Jüngern auf dem Berge einen kurzen Blick darauf. »Wir sahen seine Herrlichkeit, die Herrlichkeit des eingeborenen Sohnes vom Vater«, sagte Johannes Jahrzehnte später in der Erinnerung daran. »Wir waren Augenzeugen seiner Majestät«, schreibt Petrus, ein anderer der drei Bevorzugten auf dem Berge der Verklärung. Wir besitzen diese innewohnende und wesentliche Herrlichkeit naturgemäß nicht. Gott will von uns keine äußere Nachahmung, sondern die innere Umgestaltung. Diese jedoch wird nicht ein vorübergehendes und vergängliches Erlebnis sein. Wir werden die Herrlichkeit nicht verlieren, wie es bei Mose der Fall war. »... sodass die Kinder Israel das Angesicht des Mose nicht ansehen konnten wegen der Herrlichkeit auf seinem Angesicht, die doch aufhörte...« (V. 7). Unsere Herrlichkeit wird bleiben, und sie wird von uns ausstrahlen. »Denn wenn das

Herrlichkeit hatte, was aufhört, wie viel mehr wird das Herrlichkeit haben, was bleibt.« (V. 11)

Und die Art der Umgestaltung? »Spiegeln.« Nicht ein verzweifeltes Ringen gegen alles, was gefangennimmt, sondern ein beständiges konzentriertes Auf-Christus-Sehen und ein vertrauensvolles Sich-verlassen auf den Heiligen Geist, damit er die Umgestaltung in uns erreiche. Für das Wort »anschauen« kann mit derselben Richtigkeit »spiegeln« (reflektieren) gesagt werden. Moffat übersetzt: »Doch wir alle spiegeln die Herrlichkeit mit unbedecktem Angesicht wider.« Während wir seine Herrlichkeit ansehen, sind wir in sein Bild umgestaltet; wir strahlen das Bild wider, in das wir verwandelt sind. Reflektion ist das sichere Resultat des Anschauens.

Es ist ein Lebensgesetz, dass wir denen ähnlich werden, die wir beständig ansehen. Das Auge übt einen großen Einfluss auf das Leben und den Charakter aus. Das Kind hat sein Wissen vor allem dem Auge zu verdanken. Sein Charakter wird geformt durch das Verhalten und die Gewohnheiten der Menschen, die es ständig sieht. Das ist die Erklärung für den mächtigen Einfluss der Filme auf junge Menschen. Sie werden dem ähnlich, was sie ansehen. Blicke auf die Straßen einer Großstadt, und du wirst Abbilder von berühmten Schauspielerinnen sehen. Ihre Anhänger kopieren sie in Kleidung, Sprache und Benehmen. Wir werden denen ähnlich, die wir bewundern. Alexander der Große studierte Homers »Iliade«, und als Resultat dieser Studie zog er aus, um die Welt zu erobern. William Cowper, der gefeierte Dichter, las als kleiner, feinfühliger Knabe eine Abhandlung, die den Selbstmord guthieß. Wer kann bezweifeln, dass er unter dem Einfluss jenes Buches, das ihn in jungen Jahren so gefesselt hatte, später einen Selbstmordversuch unternahm? Wie viele berühmte Prediger haben auf geistlichem Gebiet viele kleinere Kopien ihrer selbst unter ihren Bewunderern!

Einmal verbrachte der Autor seine Ferien an einem einsamen Ort. Am Sonntag wurde der einzige Gottesdienst durch einen Heilsarmeesoldaten geleitet. Er war ein ungebildeter Bauer. Die

Überschrift dieses Kapitels war sein Text. Er war bestimmt kein Redner. Er blieb an der Oberfläche des Inhalts stehen, und man hätte seine Exegese anzweifeln können. Doch seine ständige Wiederholung des Textes ätzte fünf Worte unauslöschlich in die Herzen der Zuhörer ein: »Durch Anschauen werden wir umgestaltet.« Sein strahlendes Gesicht und seine offensichtliche Freude am Herrn waren der Beleg für die Wahrheit seiner Behauptung. Ein einziger Glaubensblick vermag zu erretten, doch »die stete Glaubensschau heiligt«, sagte Robert Murray McCheyne. Ein flüchtiger Blick auf Christus, nachdem wir zu lange im Bett gelegen, wird nie eine radikale Charakterumgestaltung hervorbringen.

Dr. A. B. Simpson sagt von den Gläubigen, sie seien hier unten die Photographie Gottes, so wie der Heilige Geist sie entwickelt und vervollkommnet im Verlauf unseres Lebens. Soll das Bild vollkommen werden, dann muss bei der Aufnahme das Modell im Mittelpunkt stehen. Die Decke muss entfernt werden. Das Modell muss sich ganz still verhalten, der Blick muss unverwandt auf die Linse gerichtet sein, denn es geht um eine Zeitaufnahme. Nachdem das Bild im Augenblick der Aufnahme auf den empfindlichen Film übertragen ist, folgt der Prozess der Entwicklung, indem durch die Säuren alles entfernt wird, was die Ähnlichkeit mit der Wirklichkeit stört. Dies ist das Amt des Heiligen Geistes, der alles Christus Unähnliche entfernt und uns seine eigene Vollkommenheit vermittelt, sofern wir unter seinem Einfluss verharren.

Doch wir sollen auch die Herrlichkeit des Herrn widerstrahlen, wie es bei Mose der Fall war, nachdem er vierzig Tage in der Gegenwart der Herrlichkeit Gottes auf dem Berge zugebracht hatte. Wenn wir die Herrlichkeit Christi im Spiegel der Schrift betrachten, leuchtet seine Herrlichkeit in uns auf und wird durch uns zurückgestrahlt. Bei Mose war es nur ein vorübergehendes und verblassendes Widerspiegeln der Herrlichkeit, aber so braucht es bei uns nicht zu sein. Wir sollten dauernd danach streben, eine genaue Widerspiegelung Christi für die uns umgebende Welt zu sein. Sein Bild kann im Weiterleiten leicht verzerrt worden sein, wie unser eigenes Bild in einem Trickspiegel. Weil ungläubige Menschen Christus nur erkennen können in dem, was sie von ihm in uns sehen, wie wichtig ist es darum, dass wir ihn nicht verzerrt wiedergeben und nicht unsere fleischlichen Anschauungen anstatt seiner moralischen Schönheit und Herrlichkeit widerstrahlen! Was sie von Christus in uns widergespiegelt sehen, sollte ihr Widerstreben und ihre Gleichgültigkeit in Verlangen und Glauben umkehren.

Ein fortdauerndes Erlebnis

»Wir werden verklärt in dasselbe Bild von einer Klarheit zu der andern.« Es gibt Übersetzer, die diese Stelle anders ausdrücken, doch alle gebrauchen den Gedanken des Fortdauerns. »Durch einander folgende Grade der Herrlichkeit, in immer zunehmender Pracht, von einer bloß widerstrahlenden zu einer innewohnenden Herrlichkeit, von einem Grad der leuchtenden Herrlichkeit zur andern.« Eines ist klar: Es ist nicht die Absicht Gottes, dass unsere christliche Erfahrung unverändert bleiben sollte. Wir haben endlose Möglichkeiten zum Wachstum in die Christusähnlichkeit hinein. Diese Worte zeigen klar, dass Christusähnlichkeit in ihrer ganzen Vollkommenheit nicht einfach das Resultat einiger Augenblicke hoher und heiliger Begeisterung sein kann, sondern dass sie ein fortdauerndes Erlebnis ist. Die durch den Heiligen Geist in uns gewirkte Umgestaltung soll uns täglich dem Bild des Herrn ähnlicher machen. Wir werden durch die Erneuerung unseres Herzens umgestaltet.

Die umgestaltende Kraft

»Als vom Herrn, der der Geist ist.« »Der Herr, der Geist ist«, wie es im Urtext heißt, ist ein ungewöhnlicher Ausdruck und bedeutet ein theologisches Problem. William Barcley sagt darüber: »Paulus scheint den auferstandenen Herrn dem Heiligen Geist gleichzustellen. Wir müssen bedenken, dass Paulus nicht Theologie schrieb, er beschrieb Erfahrungen. Und in den Erfahrungen des christlichen Lebens sind das Werk des Geistes und das Werk des auferstandenen Herrn ein und dasselbe. Die erfahrene Kraft, das Licht, die Leitung kommen sowohl vom Geist wie vom auferstandenen Herrn. Es ist nicht wichtig, wie wir uns ausdrücken, solange wir im Erleben stehen.«

Wir müssen in dieser Umgestaltung unsere Verantwortung und das Werk des Heiligen Geistes erkennen. Die Verwandlung in die Ähnlichkeit Christi geschieht nicht automatisch. Es schließt etliche Anstrengungen und Handlungen in sich. Wir haben nicht einfach passiv zuzusehen und Gott handeln zu lassen, wir müssen auch bestimmte Dinge »ablegen« und »anziehen«. Dies erfordert eine Betätigung unseres erneuerten Willens. Es wird nicht ein unausweichliches Resultat passiven Träumens über Christus sein. Unser Teil besteht im »Verklärtwerden« in dasselbe Bild »des Herrn« in tätigem, erwartendem Glauben. Der Geist übt dann in unserem Leben sein Hoheitsrecht der Offenbarung der Herrlichkeit Christi aus und gibt in zunehmender Klarheit sein Bild wieder. Wir schauen ihn und erwarten, dass der Heilige Geist uns Christus ähnlich mache. Er allein vollbringt das Werk der Umgestaltung, während er auf uns alle Gaben und Tugenden der Person und des vollendeten Werkes Christi überträgt. Wir betrachten in still anbetendem Nachdenken; er gestaltet in unserem Leben das, was wir in Jesus sehen.

Der Heilige Geist übt in diesem Umgestalten einen negativen und einen positiven Dienst aus. Er offenbart uns die Dinge in unserem Leben und Charakter, die nicht Christus ähnlich sind und deshalb ausgemerzt werden müssen. Alles, was der Vollkommenheit Christi nicht entspricht, muss »abgelegt« werden. Dieser Dienst des Offenbarens unseres Wesens ist nicht angenehm, er kann sogar verheerend sein, denn trotz der Beteuerung unserer Unwürdigkeit haben wir noch großen Gefallen an uns selbst. Wir lieben es nicht, wenn andere Menschen uns so abschätzig beurteilen, wie wir es selbst zu tun behaupten. Doch wenn wir ernstlich danach verlangen, in sein Bild umgestaltet zu werden, werden wir gern allem absagen, was das Bild Christi in uns verdunkelt. Gott kann die Auswirkungen unseres Christus unähnlichen Wesens nicht für uns »ablegen«. Das können und müssen wir selbst tun. Paulus beschreibt an einer andern Stelle Dinge, die abgelegt werden müssen, wenn wir in die Vollkommenheit Christi umgestaltet werden wollen: »Zorn, Grimm, Bosheit, Lästerung, schandbare Worte aus eurem Munde. Lüget nicht untereinander!« (Kol. 3, 8. 9)

Doch der Geist offenbart uns nicht nur, was aufgegeben werden muss; er hilft uns auch, es zu tun. »Wenn ihr aber durch den Geist die Taten des Fleisches tötet, so werdet ihr leben«, lautet der Mut machende Zuruf des Apostels Paulus in Römer 8, 13. Wir sind nicht auf unsere eigenen unbeholfenen Anstrengungen angewiesen wie die Menschen des Alten Bundes. Wir haben einen mächtigen Fürsprecher, dessen höchstes Ziel es ist, uns bis zum Äußersten beizustehen, wenn unsere Herzen danach verlangen, in Charakter und Benehmen Christus ähnlich zu werden.

Dann offenbart der Heilige Geist auch die Freude und die Segnungen, deren wir teilhaftig sein sollten und könnten. Er hilft uns auch zu deren Aneignung. Eine besondere Tragik im Leben vieler Gläubigen ist die Armut ihres Erlebens, verglichen mit der Unermesslichkeit ihrer ungenützten Vorrechte. »Gelobt sei der Gott und Vater unseres Herrn Jesus Christus«, schreibt Paulus, »der uns gesegnet hat in Christus mit allerlei geistlichem Segen!« »Alles ist euer.« »Nachdem allerlei seiner göttlichen Kraft, was zum Leben und göttlichen Wandel dient, uns geschenkt ist.« Es gibt keine Gnade, die wir in dem Charakter unseres Herrn erkennen, deren wir nicht im Vertrauen auf den Geist, der diese in uns wirkt, in zunehmendem Maße teilhaftig werden können.

»Es spiegelt sich ... wir werden verklärt.«

Kapitel 17

Gottes Geist will dich läutern

»Da fiel das Feuer des Herrn herab.« (1. Kön. 18,38)

Lesetext: 1. Kön. 18,1-40

Diese Geschichte ist eine der spannendsten des Alten Testaments. Alles ist lebendig und farbenfroh. Die Charaktere sind Aufsehen erregend, die Ereignisse schrecklich und das Ergebnis herrlich.

Elia, der einsame Prophet Gottes, war einer der bemerkenswertesten Charaktere in der Geschichte des Volkes Israel. Plötzlich taucht er im Wendepunkt eines großen Geschehens als Prophet Gottes auf, ein Verfechter göttlicher Rechte. Unerwartet verschwindet er wieder im Feuerwagen und Wirbelsturm. Das Neue Testament berichtet mehr über ihn als über irgendeinen andern Propheten. Aus der Verborgenheit des Unbekanntseins heraustretend, verschloss er in seiner ersten öffentliche Handlung durch seine Gebete den Himmel, so dass während dreieinhalb Jahren kein Regen fiel — in diesem Fall ein Gericht über ein götzendienerisches Volk.

Obgleich wir nichts über sein früheres Leben wissen, hatte er unzweifelhaft für einen solch kraftvollen öffentlichen Dienst eine private Vorbereitung erlebt. Eine Laufbahn wie die seinige konnte nur das Resultat einer persönlichen Begegnung mit Gott sein. Er war im Geheimen zum Propheten berufen worden. In verborgenen Prüfungen hatte er Gott so kennen gelernt, dass er ihm unbedingt vertraute. Durch verborgene Gemeinschaft mit Gott war er von der Menschenfurcht vollkommen befreit worden. Er war ein sonnengebräunter Wüstensohn, eine wilde, düstere Erscheinung. Sittlich war er ein Mann des Glaubens, Mutes und Eifers.

Der Charakter eines Menschen zeigt sich besonders klar in

Krisenzeiten, und das Geheimnis im Leben des Elia kommt klar zum Ausdruck in den Worten: »Herr, Gott Abrahams, Isaaks und Israels, lass heute kundwerden, dass du Gott in Israel bist und ich dein Knecht, und dass ich solches alles nach deinem Wort getan habe!« (V. 36) Elia ist ein Mann des Gebets. Drei Tatsachen treten deutlich in Erscheinung:

Er war von einer verzehrenden Leidenschaft für die Offenbarung der Herrlichkeit Gottes erfüllt. »Lass heute kundwerden, dass du Gott in Israel bist!« Dies stellte er an die erste Stelle. Seine Seele war erfüllt von einer heiligen Eifersucht für die Ehre Gottes.

Er war zufrieden, ein Sklave Gottes zu sein. »Lass heute kundwerden ... dass ich dein Knecht bin!« Er erkannte Gottes vollkommenes Anrecht auf sich an.

Er brachte den göttlichen Befehlen unbedingten Gehorsam entgegen. »Dass ich solches alles nach deinem Wort getan habe.« Das Sammeln des israelitischen Volkes war nicht das Werk eines Augenblicks. Im Blick auf das Ergebnis ist es nicht schwer zu glauben, dass Elia viel Zeit in Gottes Gegenwart verbrachte, der ihm seinen Plan offenbarte. Ein solch tiefes Vertrauen in Gott, wie er an den Tag legte, konnte nur das Ergebnis langen Verkehrs mit Gott sein. Elia kannte seinen Gott.

Der dramatische Aufruf des Elia entsprang einer tiefen Sorge über die Abtrünnigkeit des Volkes. Auf dem Thron saß der schwächste und gottloseste König, den Israel je gekannt hatte. Es wird von ihm berichtet, dass er sogar vor seiner Heirat mit Isebel »tat, was dem Herrn übel gefiel über alle, die vor ihm gewesen waren«.

Noch eine andere niedrige Besonderheit ist von ihm aufgeschrieben: »Und es war ihm ein Geringes, dass er wandelte in der Sünde Jerobeams, des Sohnes Nebats, und nahm dazu Isebel, die Tochter Ethbaals, des Königs zu Sidon, zum Weibe und ging hin und diente Baal und betete ihn an und richtete Baal einen Altar auf im Hause Baals, das er ihm baute zu Samaria ... dass Ahab mehr tat, den Herrn, den Gott Israels, zu erzürnen, denn alle Könige Israels, die vor ihm gewesen waren.« (Kap. 16,30-33)

Anstatt Jahwe erfreute sich Baal des stolzen Vorrechts der Anbetung des Volkes Israel. In einem Zeitpunkt, da wahre Religion und Moral beinahe untergegangen waren, erschien Elia in dramatischer Weise auf der Bühne der Geschichte des Volkes Israel.

Die Forderung des Feuers

»Welcher Gott nun mit Feuer antworten wird.« Es durfte kein Kompromiss geschlossen werden in der Anbetung Jahwes und dem Baalsdienst. Diese beiden gegensätzlichen Religionssysteme durften nicht in friedlicher Koexistenz geduldet werden. Die Krise wird durch den Propheten Gottes ausgelöst. Gott hat immer den rechten Mann bereit, der einer gegenwärtigen Krise begegnen kann. Er bereitet ihn im Geheimen vor und lässt ihn in der Stunde der Not in der Öffentlichkeit auftreten. Gott hat immer seine Zeugen bereit, wie einen Luther oder einen Calvin, einen Wesley oder einen Whitefield, einen Moody oder Torrey oder Graham.

Die Charaktergröße des Elia ist nirgends deutlicher ersichtlich als im Geschehen auf dem Berg Karmel. Natürlich war er ein Mensch wie wir, doch besaß er einen unvergleichlichen Mut und Glauben. Gleichwie Martin Luther begegnete der einsame Prophet furchtlos der gesammelten religiösen Macht des Landes. Mit den Worten seiner Zeit bezeugte er furchtlos: »Hier stehe ich, ich kann nicht anders!« Er warf ihnen den Fehdehandschuh hin und rief die falschen Götter zu einer Kraftprobe mit seinem Gott auf. Er machte ein faires Angebot. Baal als Feuergott sollte Gelegenheit haben, sich auf seinem besonderen Gebiet auszuweisen. »Welcher Gott nun mit Feuer antworten wird, der sei Gott«, hieß der vernünftige Vorschlag des Elia. Niemand konnte dagegen Einspruch erheben. Die Ereignisse waren kristallklar formuliert. »Ist der Herr Gott, so wandelt ihm nach; ist's aber Baal, so wandelt ihm nach!« »Wie lange hinket ihr auf beiden Seiten?«, rief er der Menge zu. Die Stunde der Krise war angebrochen, und sie mussten sich entscheiden.

Die Bedeutung des Feuers

»Da fiel das Feuer des Herrn herab.« Das Volk war sich der Bedeutung der Feuerprobe bewusst. Jeder kannte die Geschichte des Volkes und konnte sich der Gelegenheiten erinnern, wo Gott durch Feuer geantwortet hatte, und jeder wusste, dass Feuer die Gegenwart Gottes bedeutete.

Gott hatte sich Mose im brennenden Busch geoffenbart. »Und er sah, dass der Busch mit Feuer brannte und ward doch nicht verzehrt... Gott rief aus dem Busch ... Tritt nicht herzu!« (2. Mose 3, 2-5) Auf dem Sinai zeigte ein Feuer die Gegenwart Gottes an. »Der ganze Berg Sinai aber rauchte, weil der Herr auf den Berg herabfuhr mit Feuer...« (2. Mose 19, 18) Die Gegenwart Gottes unter seinem Volk war durch Feuer versinnbildlicht, das nachts die Stiftshütte umleuchtete. »Und die Herrlichkeit des Herrn füllte die Wohnung. ... Denn die Wolke des Herrn war des Tages auf der Wohnung, und des Nachts war sie feurig vor den Augen des ganzen Hauses Israel...« (2. Mose 40, 34. 38) Bei der Einweihung des Tempels offenbarte sich Gott in ähnlicher Weise. »Und da Salomo ausgebetet hatte, fiel ein Feuer vom Himmel... die Herrlichkeit des Herrn erfüllte das Haus.« (2. Chr. 7, 1) Das Vorhandensein des Feuers war der Beweis der Gegenwart Gottes.

Dies war die Bedeutung des Symbols des Feuers in den Tagen des Alten Testaments. Doch was bedeutet es uns Menschen der Gegenwart? Im Neuen Testament versinnbildlicht es die Gegenwart und Macht des Heiligen Geistes. Als Johannes der Täufer das Amt des Messias ankündete, sagte er: »Der aber nach mir kommt, ... der wird euch mit dem Heiligen Geist und mit Feuer taufen.« (Matth. 3, 11) Seine Prophezeiung wurde erfüllt. Als der Heilige Geist am Pfingsttag mit Macht über die versammelten Jünger kam, wurde das Symbol verständlich. »Es erschienen ihnen Zungen, zerteilt, wie vom Feuer.« (Apg. 2, 3) In diesem Geschehen liegt die Rechtfertigung der Ansicht, dass Feuer in unseren Tagen die Gegenwart und Macht des Heiligen Geistes darstellt.

In den Tagen des Elia war das heilige Feuer von den Altären

Jahwes verschwunden, und auf den Baalsaltären brannte ein falsches Feuer. Die Herrlichkeit war weggenommen, und niemand vermochte, heilige Flammen zu entzünden. Als Nahab und Abihu »fremdes Feuer vor den Herrn brachten«, starben sie, denn für das wahre Feuer Gottes gibt es keinen Ersatz.

In unsern Tagen mangelt dem einzelnen Gläubigen und der Gemeinde Jesu das Feuer Gottes, die offenbarte Gegenwart und das mächtige Wirken des Heiligen Geistes. Es gibt an uns kaum etwas, das nicht auf der Ebene des Natürlichen erklärt werden könnte. Unser Leben ist vom Feuer unberührt. In unseren Kirchen und Kapellen gibt es keine heiligen Feuerbrände, von denen die Menschen unwiderstehlich angezogen würden wie die Motte von der Flamme. Die Abwesenheit des Gottesfeuers ist verantwortlich für den schwachen Eindruck, den die Gemeinde Jesu einer verlorenen Welt hinterlässt. Nie kannte sie eine bessere Organisation, eine gelehrtere Verkündigung, größere Hilfsmittel an Menschen und Geld, geeignetere Methoden. Doch trotz alledem trägt sie wenig bei zur Lösung der Probleme einer zerrütteten Welt. Unser Gebet sollte lauten: »Herr, sende das Feuer!« Was sonst könnte der Not der Welt begegnen?

Das Fallen des Feuers

»Da fiel das Feuer des Herrn herab.« Das Fallen des Feuers war der Höhepunkt des Dramas auf dem Karmel. Alles andere war nur Vorbereitung auf diesen Moment. Wichtige geistliche Lehren werden aus dem gezogen, was dem Feuer vorangeht. Wenn wir die grundsätzlichen Faktoren erkennen, entdecken wir auch die Quelle geistlicher Erweckung. Wann fiel das Feuer des Herrn?

Das Feuer fiel in einer Zeit nationalen Abfalls. Die Anbetung Jahwes hatte den niedrigsten Tiefstand erreicht, und der Baalsdienst beherrschte das Feld. Geistliche Finsternis bedeckte das ganze Land. Gott beschränkt die Verleihung seiner Segnungen nicht auf Zeiten der günstigsten Umstände. In der tiefsten Finsternis wird das Licht am Dringendsten benötigt. Keiner von uns wird die Tatsache der Verfinsterung in unserer Gegenwart ableugnen können. Es braucht keine besonders lebhafte Vorstellungsgabe, um nicht eine Parallele in den Zuständen unserer Tage zu sehen. Satanische Kräfte machen sich immer breiter. Die Gemeinde übt kaum einen Eindruck auf das Volk aus, obgleich noch immer siebentausend ihre Knie nicht vor Baal gebeugt haben.

Das Feuer fiel, als Elia Gott ohne Zaudern gehorchte. Gott hatte ihm vorher geboten: »Geh weg von hier ... verbirg dich ... Er aber ging hin und tat nach dem Wort des Herrn.« (Kap. 17, 3.5) Nun kommt der eindeutige Befehl: »Gehe hin und zeige dich Ahab, denn ich will regnen lassen auf die Erde!« (Kap. 18, 1) Es ist nicht schwer zu verstehen, wie wenig Elia eine Begegnung mit seinem unversöhnlichen Feind Ahab herbeiwünschte. Seit drei Jahren trachtete der rachsüchtige Ahab nach seinem Leben. Er konnte nicht vergessen, dass der Himmel durch das Gebet des Elia verschlossen und das Land mit Dürre geschlagen worden war. Doch ehe diese aufgehoben werden sollte, musste Elia dem Wort des Herrn gehorsam sein.

Dieser Befehl wurde ebenso prompt ausgeführt wie an dem Tage, da Gott ihm befahl, er solle sich verbergen. »Und Elia ging hin, dass er sich Ahab zeigte.« (V. 2) Das Fallen des Feuers und der nachfolgende Regen waren das direkte Ergebnis seines Gehorsams in der Begegnung mit Ahab, der Verkörperung sittlicher und geistlicher Bosheit. Wir werden umsonst auf das Fallen des Feuers vom Himmel warten, wenn es in unserem Leben Gebiete gibt, in denen wir Gott den Gehorsam verweigern. Wenn er uns die Notwendigkeit eines Gehorsamsaktes aufdrängt — Wiedergutmachung, Abbitte oder Zeugnis — und wir gehorchen nicht, dann haben wir die Kosten zu tragen. Gott kann nicht anfangen zu segnen, solange man ihm nicht gehorcht.

Das Feuer fiel, nachdem der zerbrochene Altar wieder aufgebaut war. »Da alles Volk zu ihm trat, baute er den Altar des Herrn wieder auf, der zerbrochen war.« (V. 30) Der zerbrochene Altar redete eine deutliche Sprache. Der Altar ist Symbol der Anbetung. Karmel, so scheint es, war ein geheimer Versammlungsort des Volkes Gottes gewesen, doch war der Altar durch Nichtgebrauch zerfallen. Jahwe wurde nicht mehr angebetet.

Ehe das Feuer fallen kann, muss der Altar wieder aufgebaut werden. Elia nahm die zwölf Steine — er erkannte die Trennung zwischen einem Nord- und Südreich nicht an — und baute den Altar wieder auf. Sein Ziel war eine geeinte Nation mit der offenbarten Gegenwart des Herrn. Das Feuer Gottes fällt, wenn unter seinem Volk Einheit herrscht. Wenn es in unserem Leben zerbrochene Altäre gibt, wird das Feuer nicht fallen, bis sie wieder instand gesetzt sind. Was ist das eigentliche Sinnbild des Altars? Hat sich uns Christus nicht auf dem Altar des Kreuzes angeboten? Erst wenn das Kreuz in seiner vollen Bedeutung wieder im Zentrum steht, wird das Feuer fallen.

Das Feuer fiel, als das ganze Opfer auf den Altar gelegt war. »Er zerstückte den Stier und legte ihn aufs Holz.« (V. 33) Das Feuer Gottes fällt nie auf einen leeren Altar. Das Zergliedern des Opfers ist nicht ohne geistliche Bedeutung. Es ist leicht, im Augenblick der Begeisterung und großen Entschlusses sein ganzes Leben auf den Altar zu legen, doch müssen die einzelnen Glieder die Hingabe ausleben, wie F. R. Havergal sich in ihrem Lied so schön ausdrückt: »Nimm mein Leben...«, aber dann heißt es: »Nimm meine Hände ... meine Füße ... meine Stimme ... meine Liebe!« Es handelt sich nicht bloß um eine einzige Weihe, sondern um fortlaufende Taten der Hingabe. Gott wird sich nicht zufrieden geben mit einer halben Hingabe. Ananias und Saphira gaben Gott die Hälfte ihrer Habe, täuschten jedoch vor, es sei ihr ganzer Besitz. Welch tragische Folgen luden sie damit auf sich! Gott verlangt für sich von Abraham das Schwerste und das Teuerste seines Lebens. Er musste Ismael, den Sohn seines fleischlichen Unglaubens, aus seinem Zelt in die Wüste hinausweisen. Isaak, den Sohn seines hehren Glaubens, musste er auf den Altar legen und das Opfermesser über ihn erheben. Daraufhin fiel Feuer auf Abraham, und er bekam die göttliche Antwort: »In deinem Samen sollen alle Völker der Erde gesegnet sein, weil du meiner Stimme gehorcht hast.« Das letzte Stück war auf den Altar gelegt worden.

Wir können Gott nicht betrügen. Er weiß, ob alles auf dem Altar liegt, und er wird nicht mit seiner Antwort auf sich warten lassen. Als Elia das letzte Stück auf den Altar legte, flammte das Feuer auf.

Das Feuer fiel, als das Unechte entfernt war. »Er richtete das Holz zu und zerstückte den Stier und legte ihn aufs Holz ... und das Wasser lief um den Altar her.« (V. 33.35) Elia ließ keinen Raum offen für ein falsches Feuer. Dreimal verlangte er von den Baalspriestern, sie sollten »kein Feuer daran legen«. Es durfte kein Betrug, kein falscher Funke geduldet werden. Er war auch peinlich genau mit sich selbst. Es wurde jede Vorsichtsmaßregel getroffen, damit sich kein Betrug einschleiche. Er wollte klar ersichtlich machen, dass das Feuer, das auf seinen Altar fallen würde, im Himmel entzündet war. »Kommt her, alles Volk, zu mir!«, lud er die Leute ein. Er hatte nichts zu fürchten vor ihren prüfenden Blicken. So sicher war er seines Gottes, dass er besondere Schwierigkeiten aufhäufte. Jeder verborgene falsche Funke wäre sehr bald ausgelöscht worden. Er hatte einen Glauben, der über Unmöglichkeiten lacht.

Nicht viele Gläubige haben einen solch unbekümmerten Glauben. Wir hätten vielleicht Gott durch Zugießen von Petroleum auf das Opfer nachgeholfen. Elia wollte deutlich machen, dass er Gott nicht ausweichen wolle. Auch wir sollten uns wappnen gegen Unechtes, einen Ersatz des Seelischen für das Geistliche oder Massenhypnose anstelle der Kraft des Heiligen Geistes.

Das Feuer fiel, nachdem Elia das Glaubensgebet gesprochen hatte. »Herr, Gott Abrahams, Isaaks und Israels, lass heute kundwerden, dass du Gott in Israel bist und ich dein Knecht, und dass ich solches alles nach deinem Wort getan habe. Erhöre mich, Herr, erhöre mich, dass dies Volk wisse, dass du, Herr, Gott bist!« (V. 36.37)

Welch ein Gegensatz zum Rasen der Baalspriester, die ihren toten Gott anriefen und sich mit Messern verletzten, bis ihr Blut herabfloss. Doch es fiel kein Feuer vom Himmel als Antwort auf ihr lautes Rufen. Ehe Elia sein Glaubensgebet sprach, hatte er das Lachen des Glaubens gelernt. Die Unbewegtheit des Himmels war der Beweis der Nutzlosigkeit ihrer Forderung an Baal. So sicher war er der Antwort Jahwes, dass er sie und ihren Gott mit beißendem Spott verhöhnte. »Rufet laut; denn er ist ein Gott, er dichtet oder hat zu schaffen oder ist über Feld oder schläft vielleicht, dass er aufwache.« (V. 27) Dieser Ausspruch zeigt, wie ganz sich Elia auf seinen Gott verließ, der seinen Diener nicht enttäuschen würde. Ein solches Vertrauen gefiel Gott. »Die unvergleichliche Probe des Elia in Gegenwart eines abtrünnigen Königs, vor einem abgefallenen Volk und einer götzendienerischen Priesterschaft auf dem Berg Karmel ist eine hervorragende Darstellung von Glauben und Gebet«, schreibt E. M. Bounds.

Kaum war dieses einfache Gebet um die Rechtfertigung Gottes und seines Knechtes ausgesprochen, fiel das Feuer vom Himmel. »Da fiel das Feuer des Herrn herab.« Das Feuer fiel nicht in Abständen vom Himmel. Dem Glaubensgebet folgte sogleich das Feuer. Opfer, Holz, Steine, Wasser setzten der himmlischen Flamme keinen Widerstand entgegen. Der Herzenswunsch des Elia ging in Erfüllung. Die Oberhoheit Jahwes war bewiesen. Die Gegenwart und Macht des wahrhaftigen Gottes war wieder einmal sichtbar geworden unter seinem Volk. Die Ehre Gottes und seines Knechtes war bewiesen. Die Anmaßung der Baalsanbeter war zunichte gemacht. Sind unsere Gebete motiviert durch das Verlangen, »dass der Vater verherrlicht werde im Sohn«, werden auch wir das Herabfallen des Feuers erleben.

Die Wirkung des Feuers

Das Fallen des Feuers warf das ganze Volk auf die Knie. »Da das alles Volk sah, fiel es auf sein Angesicht und sprach: Der Herr ist Gott, der Herr ist Gott!« (V. 39) Das Zeugnis des Gottesmannes wurde durch das Feuer Gottes gerechtfertigt, der selbst ein verzehrendes Feuer ist. Sie konnten nicht verleugnen, was sie vor Augen hatten. Eine gottlose Welt wird auf unser Zeugnis aufmerksam, wenn sie das Feuer in unserer Mitte und die Offenbarung der Gegenwart und Macht des Heiligen Geistes am Wirken unter uns sieht.

Das Herabfallen des Feuers verursachte den Tod der falschen Propheten. Die erste Tat des Elia bestand im Befehl an das Volk

Israel zur Tötung der Baalspriester durch ihre eigene Hand. Alle Rivalen des wahrhaftigen Gottes müssen aus dem Wege geschafft werden. Das Herabfallen des echten Feuers schloss automatisch die Entfernung des falschen vom Baalsaltar ein. Einzig das Feuer, das vom Himmel fiel, verlieh Elia die Autorität zu einer solchen Säuberung.

Das Herabfallen des Feuers überwand offensichtliche Unmöglichkeiten. Wer hätte schon von geschmolzenen Steinen gehört? Hier geschah das Unmögliche. An Pfingsten vollbrachte das Gottesfeuer Unmögliches im Leben der Apostel. Feigheit wandelte sich in Beherztheit, Zweifel in Glauben, Selbstsucht in Selbstlosigkeit, und sie wurden erfüllt von einem brennenden Verlangen nach der Herrlichkeit Gottes. Es entwickelten sich in ihnen Charaktereigenschaften, die bisher gefehlt hatten.

Der großen Heimsuchung durch die Seuche in London folgte eine gewaltige Feuersbrunst, die einen Großteil der Stadt vernichtete. Später entdeckte man, wie fremdartige, exotische Blumen auf den ausgebrannten Flächen aufblühen. Samenkörner, die lange Zeit in der kalten Erde geruht hatten, wurden durch die Hitze des Feuers zum Leben erweckt. Wenn das Gottesfeuer einen Menschen erfasst, wird es in zehn Minuten mehr ausrichten, als er in zehn Jahren nicht erreichen konnte.

Das Fallen des Feuers ließ nichts als Asche zurück. Alles Brennbare wurde zerstört; nur, was unauflöslich war, blieb erhalten. Der Asche kann das Feuer nicht mehr schaden. Das Gottesfeuer wird das Fleischliche und Oberflächliche vernichten und nur zurücklassen, was ewigen Wert hat. Die Asche hat zwei Eigenschaften. Der leichteste Windstoß bringt sie in Bewegung und trägt sie in alle Windrichtungen davon. Ein Leben, auf das das Gottesfeuer fällt, wird die Eingebungen des Heiligen Geistes sofort wahrnehmen und sich in der Richtung bewegen, in die der Wille Gottes weist.

Kapitel 18

Gottes Geist will seine Kraft
in dir entfalten

»Und wehrten ihnen mit Gewalt.« (Esra 4,23)

»Es soll nicht durch Heer oder Kraft, sondern durch meinen Geist geschehen.« (Sach. 4,6)

Lesetext: Esra 4; Sach. 4,1-10

Der patriotische Rest des Volkes Israel war aus seiner Babylonischen Gefangenschaft nach Jerusalem zurückgekehrt. Er brachte einen Beschluss des Königs Kores zum Wiederaufbau des Tempels mit und begann die Arbeit mit großer Begeisterung. Doch waren die Zurückgekehrten noch nicht weit gekommen, als sie auf einen organisierten Widerstand stießen. Durch Betrug und Falschheit hatten sich die Widersacher einen Gegenbeschluss von Arthasastha, dem Perserkönig, gesichert, der bestimmte, dass die Arbeit forthin aufhöre. Mit diesem Dokument bewaffnet, zogen sie eilend nach Jerusalem zu den Juden und »wehrten ihnen mit Gewalt« (Esra 4,23).

Enttäuscht und entmutigt durch diese unerwartete Wendung, legten die eingeschüchterten Patrioten ihre Werkzeuge nieder, anstatt Gott anzurufen, der ihren Auszug so wunderbar gesegnet hatte. »Da hörte auf das Werk am Hause Gottes — bis ins zweite Jahr des Darius.« Die Feinde Gottes und Israels hatten die erste Runde gewonnen.

Es wäre leicht, ihren Mangel an Geist und Vertrauen in Gott zu verurteilen, wüssten wir nicht um die Verworrenheit und Falschheit unseres eigenen Herzens. Wir haben uns zweifellos in leichteren Umständen nicht besser verhalten.

Drei lähmende Hinderungen

Die Juden bauten unter hindernden Bedingungen. Sie standen der Feindschaft nachbarlicher Völker gegenüber, denen der König gewogen war. Der Vorteil lag auf deren Seite. Sie änderten ihre Taktiken und passsten sich der neuen Lage an. Vermischung: »Wir wollen mit euch bauen.« Als dieser Vorschlag nicht angenommen wurde, versuchten sie Entmutigung: »Da hinderte das Volk im Lande die Hand des Volkes.« Dann probierten sie es mit Einschüchterung: »... und schreckten sie ab im Bauen.« Damit nicht zufrieden, versuchten sie die Verhinderung: »... und dingten Ratgeber wider sie und verhinderten ihr Vorhaben.« Zuletzt brachten sie eine Anklage vor: »... sie schrieben eine Anklage wider die Bewohner von Juda und Jerusalem.« (Esra 4, 2-6)

Wie bekannt sind uns diese Ränke des Widersachers in der zerrissenen Welt unserer Tage! Die Begleitumstände sind andere, doch das Muster bleibt leich. Überall auf der Welt begegnen christliche Minderheiten in ihrem Kampf um die Beibehaltung ihres Glaubens und Zeugnisses demselben Widerstand.

Sie litten unter dem Mangel an Hilfsmitteln. Kores hatte in seiner Proklamation großherzig bestimmt, dass die Mittel zum Wiederaufbau des Tempels aus der königlichen Schatzkammer bezahlt werden sollten, doch nun machte der Beschluss des Arthasastha diese Vorsorge ungültig. Damit waren sie der finanziellen und militärischen Hilfsmittel beraubt, die für ihre große Aufgabe notwendig gewesen wären. Noch schlimmer war die Tatsache, dass ihre edlen und hehren Ideale verebbten, die sie zu ihrem Unternehmen getrieben hatten, und sie begannen, sich mit ihrem Versagen abzufinden.

Doch das schlimmste Hindernis war die Untüchtigkeit ihrer Führer. Ihr Oberster, Serubabel, hatte sich als schwankendes Rohr erwiesen. Angesichts des organisierten Feldzuges ihrer Widersacher war er schwach geworden. Er war kein Winston Churchill, der, als er vom Zusammenbruch Frankreichs im zweiten Weltkrieg hörte, zu seinen Ministern sagte: »Meine Herren, ich empfinde dies eher als Aufmunterung.« Serubabel begann gut, doch bewies er sich als kraftlos und war seinem entmutigten Volk kein Vorbild.

Jeschua, der Hohepriester, der geistliche Führer des Volkes, war unzweifelhaft der heiligste Mann seiner Tage. Doch in Sacharja 3,3-4 steht er vor Gott »mit beschmutzten Kleidern« und war deshalb untüchtig für den Dienst am Volk vor Gott. Als dieses sich ohne wirksame weltliche und geistliche Führerschaft sah, ist es nicht verwunderlich, dass die Schwierigkeiten sich vor dem Volk wie unüberwindliche Berge auftürmten (Kap. 4,7).

Hoffnungsvoller Ausblick

In diesem kritischen Augenblick wurde Sacharja eine Botschaft der Hoffnung in Form einer Vision geschenkt. War es bloßer Zufall oder göttlicher Wille, dass die Worte, die der Engel gebrauchte, dieselben waren, wie sie Esra in seinem Bericht über die Art, wie das Werk zum Stillstand kam, gebrauchte? Hielt die Gewalt ihrer Feinde das Werk am Hause Gottes auf? Dies wäre kein Grund zur Entmutigung gewesen. »Die Hände Serubabels haben dies Haus gegründet, seine Hände sollen's auch vollenden.« (Sach. 4,9) Es würde nicht geschehen »durch Heer oder Kraft, sondern durch meinen Geist, spricht der Herr«. Trotz des boshaften Widerstandes, trotz ihres Mangels an Hilfsquellen, trotz aller Untüchtigkeit ihrer Führer war ihnen der Sieg zugesichert, solange sie den göttlichen Plan verfolgten. Der Erfolg hing weder von Serubabel noch von Jeschua ab, auch nicht von menschlichem Einsatz noch Menschenmacht, sondern allein von der Kraft des Heiligen Geistes.

Sacharja sah in seiner Vision einen Leuchter »ganz golden, mit einer Schale oben drauf, daran sieben Lampen waren, und je sieben Röhren an einer Lampe; und zwei Ölbäume dabei, einer zur Rechten der Schale, der andere zur Linken« (Sach. 4,2-3). Die Schale, die als Behälter für das Öl diente, wurde ständig von den zwei Olivenbäumen gespeist.

Die nächstliegende Bedeutung der Vision konnte den Juden

nicht verborgen sein, kannten sie doch den goldenen Leuchter in ihrem Tempel. Sie wussten, dass Gott ihre Nation zum Lichtträger in dieser Welt auserwählt hatte. Doch darin hatten sie gründlich versagt, und das Licht des Zeugnisses war erloschen. Unser Herr weist in seinen Briefen an die sieben Gemeinden in Asien unmissverständlich darauf hin, dass das Amt, worin Israel versagt hatte, der Gemeinde übertragen sei. Wenn wir die Vorstellung dieser Vision übernehmen, dann wenden wir berechtigterweise ihre symbolische Bedeutung auf die Gemeinde unserer Tage an.

Das Amt der Gemeinde

Das wichtigste Amt der Gemeinde, die in der Gestalt der Lampe symbolisiert ist, besteht im Hineintragen des Lichtes in eine Welt, die in Finsternis gehüllt ist. Was könnte eine Lampe anderes bedeuten? Wir sind nicht verantwortlich für die Gegenwirkung des Lichtes. In der Offenbarung wird Christus inmitten der sieben Leuchter gesehen. Jede Lampe stellt eine lebendige Gemeinde dar, und er tadelt und lobt das Leuchten ihrer Lampen des Zeugnisses (Offb. 1,13.20). Wie der goldene Leuchter die einzige Beleuchtung in der Stiftshütte war, so ist die Gemeinde die einzige Vermittlerin des Lichtes an eine verlorene Welt. Sie lebt, damit sie Licht ausstrahle, und wenn sie darin versagt, dann versagt sie überhaupt in allem. Gott hat für keinen Ersatz gesorgt. »Ihr seid das Licht der Welt«, sagte er. Und das Licht ist ein übertragenes Licht, ein Widerschein dessen, der sagte: »Ich bin das Licht der Welt.« Wie tief ist doch die Finsternis der gegenwärtigen Welt! Wie viel Götzendienst und Aberglaube, wie viel Grausamkeit und Leiden, wie viel Bosheit und Verbrechen, wie viel Materialismus und Verhöhnung jeglicher Sitte! In all dieses hinein soll die Gemeinde und sollen die einzelnen Glieder, aus denen sie besteht, als Lichter leuchten.

Wie aber soll die Gemeinde dieses Amt ausrichten? Die Vision enthüllt das Geheimnis. Die Gemeinde besitzt keine eigene

Leuchtkraft. Obgleich der Leuchter Licht verbreitete, besaß er in sich keine eigene Leuchtkraft. Er konnte kein Licht erzeugen, sondern er konnte es nur tragen. Er entnahm das Licht aus einer außerhalb des Leuchters bestehenden Quelle. Über den Leuchter hinaus ragte der ständig gefüllte Behälter, der die Lampe unaufhörlich mit Öl versorgte und die Flammen speiste. Die Schale wurde beständig gefüllt von dem goldenen Öl der Olivenbäume.

Die Bedeutung des »Öls« ist klar bezeichnet als »mein Geist«. Die Gemeinde kann nur Licht verbreiten durch den ständigen Zustrom und den Beistand des Heiligen Geistes. Die Schale symbolisiert Christus, in dem alle göttliche Macht und alle göttlichen Möglichkeiten eingeschlossen sind. »In ihm wohnt die ganze Fülle der Gottheit leibhaftig«, und »ihr seid vollkommen in ihm«, schreibt Paulus. Jesu wunderbares Wesen zeichnet sich durch einen ständigen Höhepunkt der Fülle des Geistes aus. Jede benötigte Fähigkeit zum Lichttragen ist in ihm enthalten, und aus seiner Fülle dürfen wir ständig nehmen. Er goss an Pfingsten den Heiligen Geist über seine wartenden Gläubigen aus. »Nun er durch die Rechte Gottes erhöht ist und empfangen hat die Verheißung des Heiligen Geistes vom Vater, hat er ausgegossen dies, das ihr sehet und höret.« (Apg. 2, 33) Noch heute stattet er Menschen auf dieselbe Art aus.

Verbotene Arbeitsmethoden

»Nicht durch Heer oder Kraft.« Es braucht mehr als bloß menschliche Mittel, um die Aufgabe der Gemeinde auszurichten. »Nicht durch Heer oder Kraft, sagt der Herr.« Die Worte »nicht durch Heer« bedeuten kollektive Gewalt, menschliche Kraft oder Werte. Es ist auch der Sinn »Reichtum«, »Tugend« oder »Tapferkeit« darin enthalten; doch wie man das Wort auch anwendet, versteht man darunter unsere menschlichen Möglichkeiten.

»Kraft« bedeutet hier auch Gewalt, doch ist eher die Tapferkeit und die Kraft eines Einzelnen gemeint. Dieses Wort wird nie als Sammelbegriff gebraucht. Nimmt man beide Worte zusammen, dann würde der Ausspruch bedeuten, dass ein Erfolg im Auftrag der Gemeinde weder in der gemeinsamen menschlichen Stärke liegt, wo einer dem andern helfend beisteht, noch in der Tapferkeit und im Vorandrängen eines Einzelnen. Er hängt allein von der Vermittlung des Heiligen Geistes ab. Warum ist es so? Weil der Auftrag der Gemeinde über das menschliche Vermögen hinausgeht. Jedes menschliche Mittel ist unzureichend. Bestünde der Auftrag nur im Formen einer sichtbaren Organisation, könnten sie vielleicht genügen, doch ist die Gemeinde unendlich mehr als das. Sie ist ein übernatürlicher geistlicher Organismus, der nur durch geistliche Hilfsmittel ernährt und erhalten werden kann. Die große Gefahr der Gemeinde unserer Tage ist die Möglichkeit, dass sie in all ihrem sorgfältigen Planen und dem Suchen nach verbesserten Methoden den übernatürlichen Faktor vergisst, ohne den ihr Auftrag nie ausgeführt werden kann.

Hudson Taylor legte großes Gewicht auf diese lebenswichtige Wahrheit. »Was alle Missionare vor allem benötigen«, schrieb er, »ist die offenbare Gegenwart des Heiligen Geistes. Hunderttausend Traktate und Bibelteile wurden verteilt. Tausende von Evangeliumsbotschaften wurden weitergegeben. Zehntausende von Meilen wurden auf Missionsreisen zurückgelegt, doch wie gering ist das Ergebnis an klaren Bekehrungen! Wohl kann man von Segen sprechen, doch wo sind die Einzelnen, die ihrer tausend jagen, und die zwei, die zehntausend flüchtig machen (5. Mose 32,30)? Was wir benötigen, ist nicht Betrieb, sondern göttliche Kraft. Wenn die Zehntausende, die wir jetzt täglich erreichen, nicht für Christus gewonnen werden, was nützte uns aller Betrieb zur Erreichung der doppelten Zahl?«

Die jüdischen Patrioten mussten lernen, dass Erfolg nicht in der Abwesenheit von Widerstand, nicht in geschickter Führerschaft, nicht in menschlichen Möglichkeiten liegt, sondern im unerlässlichen Wirken des machtvollen Heiligen Geistes.

Göttlich gebotene Mittel

»Durch meinen Geist, sagt der Herr.« Wollen wir uns des Vorteils elektrischen Lichtes erfreuen, dann müssen wir die Gesetze der Elektrizität befolgen. Wir sind erst im Besitze einer Kraft, wenn wir uns ihren Gesetzen anpassen. Genauso werden wir die Kraft des Heiligen Geistes erfahren, wenn wir jede andere Abhängigkeit aufgeben und dem »Gesetz des Geistes« gehorchen. Sollen wir die Finsternis der Welt erhellen, dann werden wir dazu nur im Stande sein, wenn wir im goldenen Öl untertauchen und dem Feuer des Heiligen Geistes erlauben, den Docht unseres Lebens anzufachen. Was die Welt mehr als alles andere braucht, sind Menschen, deren Leben, von Gottes Flammen entzündet, leuchtet.

In diesem Bild wird der Docht, obwohl zum Leuchten unerlässlich, doch nie erwähnt. Indessen gäbe es ohne diesen kein Licht, keinen Kontakt zwischen dem Öl und der Flamme. Der Docht existiert nur, um verzehrt zu werden. Wollte man diesen schonen, dann gäbe es kein Licht. Im Prozess des Lichtausstrahlens wird das Leben des Gläubigen langsam verbraucht. Wann immer Jesus einen Menschen heilte, so wusste er, dass eine Kraft von ihm ausgegangen war. Es ist von ihm gesagt: »Der Eifer um dein Haus hat mich gefressen.« (Ps. 69, 10) Nie werden wir, wie Johannes der Täufer, brennende und scheinende Lichter sein, wenn wir uns nicht verbrauchen lassen wollen. Beim Sich-ausgeben muss unbedingt mit Erschöpfung gerechnet werden, doch ist uns die ausgleichende Versicherung gegeben: »Ob unser äußerlicher Mensch verdirbt, so wird doch der innerliche von Tag zu Tag erneuert.« (2. Kor. 4, 16)

Der Docht hat in sich selbst keine Leuchtkraft. Er vermag nur beißenden Rauch von sich zu geben und schwarzen Ruß zu erzeugen. Er ist nur der Vermittler von Öl und Flamme. Er kann sich nicht selbst versorgen, sondern ist immer abhängig. Er ist ständig am Auslöschen. Entferne ihn vom Öl, und das Licht wird sich in Finsternis verwandeln.

In den Tagen des Alten Testaments bestand eine der priesterlichen Aufgaben im Zurückschneiden der Dochte mit einer goldenen Lichtschere, damit das Licht heller leuchte. Unser Hoherpriester muss gelegentlich die goldene Schere anwenden und aus unserem Leben Dinge entfernen, die das klare Leuchten des Lichtes hindern. Er verrichtet dieses Amt durch sein Wort, das er durch den Heiligen Geist mächtig an unsern Herzen wirken lässt. Lasst ihn diesen Dienst willig an uns tun, so schmerzvoll er auch für uns sein mag!

Allein durch die Kraft des Geistes, nicht durch Intellekt, Geld oder Eifer vermag die Gemeinde ihre Aufgabe zu erfüllen. Propaganda, Organisation und Tüchtigkeit sind kein Ersatz für den Heiligen Geist. Neue technische Errungenschaften und bessere Methoden sind sicher wertvolle Hilfsmittel, doch vermögen sie dem Bedürfnis nach der Kraft des Geistes nicht zu genügen. In unserer Missionsarbeit werden wir nur Erfolg haben, wenn er den Weg für uns dazu bereitet hat. Überall, wo Missionsunternehmen erfolgreich verliefen, ist nachgewiesenermaßen der Geist bereits an der Arbeit gewesen, einen Herzenshunger und eine Erwartung zu wecken, ehe nur ein Missionar erschien. Ernüchterung im Blick auf ihre Religionen und das Verlangen nach Licht waren weitere Wirkungen des Geistes.

Was ist in den Worten »sondern durch meinen Geist« eingeschlossen? Dass in aller christlichen Arbeit der übernatürliche Faktor von äußerster Wichtigkeit ist. Natürlich wirkt er sich durch den Menschen aus, doch ist das Menschliche durchdrungen vom Göttlichen, wie der Docht vom Öl durchtränkt ist. Ist es so, dann werden wir uns nicht auf unsere Beweismittel oder unsere Überredungs- und Überzeugungskunst verlassen, um Menschen zur Bekehrung zu führen und Gläubige in ihrem Glauben zu stärken. Wir werden dem Geist vertrauen, dass er die Umstände bestimme und Hindernisse in unserem Weg überwinde. Wir werden von ihm erwarten, dass er uns helfe, »das Werk zu vollenden«.

Welch ein Vorrecht haben wir, uns von der Flamme Gottes verzehren zu lassen im Verbreiten des Lichtes in einer Welt, die in mitternächtlicher Finsternis liegt! Als Henry Martyn das indische Ufer erreichte, sagte er: »Gott, lass mich für dich verbrennen!« Er tat es in sechs kurzen Jahren, doch mit dem unglaublichen Vermächtnis der Vollendung einer Bibelübersetzung.

Kapitel 19

Gottes Geist ist die Triebkraft
der Mission

»Ihr werdet die Kraft des Heiligen Geistes empfangen, welcher auf euch kommen wird, und werdet meine Zeugen sein zu Jerusalem und in ganz Judäa und Samarien und bis an das Ende der Erde.« (Apg. 1, 8)

Lesetext: Apg. 13, 1-13; 16, 6-10

Der Heilige Geist ist der Vollzieher des großen Auftrags und Verwalter des Missionsunternehmens. Im einzigartigen Missionshandbuch des Neuen Testaments, in der Apostelgeschichte, begegnen wir seinem Namen beinahe auf jeder Seite. Was hier berichtet wird, ist eine klare Schilderung seines Handelns durch die Gemeinde.

Im Hinblick auf sein nahes Scheiden versprach Jesus den Seinen einen Vizeregenten und Stellvertreter, der ihnen als Begleiter und Berater beistehen sollte. »Wenn ich nicht hingehe, so kommt der Tröster nicht zu euch; wenn ich aber gehe, will ich ihn zu euch senden.« (Joh. 16, 7) Am Pfingsttag wurde ihnen anstelle Jesu leiblicher Gegenwart seine Allgegenwart in der Person des Heiligen Geistes geschenkt. Vom Augenblick des Herabkommens des Heiligen Geistes an begann sich die verzehrende Passion als Haupttätigkeit des Herrn zu erfüllen. Die Verheißung hatte gelautet, dass die Jünger Zeugen Gottes sein würden, wenn der Geist auf sie herabkomme. Diese Erfüllung hatte ihre besonderen Kennzeichen. »Sie ... alle ... fingen an zu predigen mit andern Zungen, nach dem der Geist ihnen gab auszusprechen.« (Apg. 2, 4) Ihre Sprache war äußerst wirkungsvoll.

In den Aufzeichnungen ihrer missionarischen Tätigkeit ist

überall ersichtlich, dass die Apostelgeschichte — und gleicherweise die Geschichte der Gemeinde — weit über alle menschlichen Möglichkeiten hinaus bis in die göttlichen Quellen hinein zurückverfolgt werden kann. Der hauptsächlich Handelnde ist der Heilige Geist, und die Menschen sind bloße Instrumente im Erreichen der göttlichen Zwecke. Vom Anfang bis zum Ende ist der Heilige Geist der wichtigste Urheber und Ausführer.

Pfingsten ist in der Ausbreitung des Christentums durch zwei bemerkenswerte Vorkommnisse gekennzeichnet. Das ist erstens die Einsetzung des Heiligen Geistes in sein zweifaches Amt als Tröster und Kraftspender. Als Tröster wurde er seinen zagenden und trauernden Jüngern durch den auferstandenen Christus als Erfüllung seiner Verheißung zugesprochen (Joh. 16,7), als er sie anblies und zu ihnen sagte: »Nehmet hin den Heiligen Geist!« (Joh. 20,22) Der Heilige Geist als Tröster war also die in Jesus erfüllte Verheißung. Aber auch als Kraftspender wurde der Heilige Geist vom Vater verheißen, und auch diese Verheißung fand ihre Erfüllung am Pfingsttag. »Und siehe, ich will auf euch senden die Verheißung meines Vaters. Ihr aber sollt in der Stadt Jerusalem bleiben, bis dass ihr angetan werdet mit Kraft aus der Höhe.« (Luk. 24,49) »... und sie wurden alle voll des Heiligen Geistes.« (Apg. 2,4) Erst als die Unermesslichkeit ihrer von Gott übertragenen Aufgabe ihnen bewusst wurde, erkannten sie ihre eigene Kraftlosigkeit. An diesem denkwürdigen Tag, da das Gericht über Babel aufgehoben wurde, schenkte ihnen Gott in seiner Gnade ein erstes Erleben der Bevollmächtigung durch den Geist. Damals entsetzten sich die Menschen, als aus einer einzigen Sprache viele wurden. Hier verwunderten sie sich, als aus vielen Sprachen eine Einzige gehört wurde. Dieses epochemachende Ereignis kennzeichnete den eigentlichen Anfang des Missionsunternehmens. Das Evangelium durchdrang an einem einzigen Tag viele Länder und wurde in einer ebenso großen Zahl von Sprachen und Zungen verkündigt.

Die Einsetzung des Fürsprechers in sein zweifaches Amt war von einem andern epochemachenden Ereignis begleitet, von der

Gründung der Gemeinde, des Leibes Christi, eines lebendigen und unwiderstehlichen Organismus. In den Tagen seines Fleisches verkörperte unser Herr ein vollkommenes Gefäß, durch das der Heilige Geist Gottes Absicht für diese Welt ausführen konnte. Doch jetzt sollte durch den Hingang seines verherrlichten natürlichen Leibes in den Himmel die Gemeinde als sein Leib das Werkzeug des Heiligen Geistes werden. Was immer Jesus auf dieser Erde tat, tat er durch die Bevollmächtigung des Heiligen Geistes, und im Idealfall ist es auch so mit seiner Gemeinde. Die Taufe mit dem Heiligen Geist trug zu allen Zeiten dasselbe Kennzeichen. Durch sie wurden die Gläubigen aller Zeitalter dem Leib Christi, der Gemeinde, einverleibt. »Denn wir sind durch einen Geist alle zu einem Leibe getauft.« (1. Kor. 12,13) Diesem Leibe wurde durch die einzelnen Glieder die Verantwortung zur Ausbreitung der guten Botschaft der Erlösung an die ganze Welt auferlegt. Das Evangelium musste gepredigt werden »in der ganzen Welt zu einem Zeugnis über alle Völker« (Matth. 24,14). Die Kraft zu diesem Zeugnis würden sie in der Gabe des Heiligen Geistes finden.

Ausrüstung der Missionare

In seinen letzten Worten vor seiner Himmelfahrt verband der Herr das Herabkommen seines Geistes mit der Ausrüstung mit Kraft zu einem wirkungsvollen weltweiten Zeugnis als seinem Endziel. »Sondern ihr werdet die Kraft des Heiligen Geistes empfangen, welcher auf euch kommen wird, und werdet meine Zeugen sein zu Jerusalem und in ganz Judäa und Samarien und bis an das Ende der Erde.« (Apg. 1,8) Die Worte Jesu erfüllten sich schon nach wenigen Tagen, als »gottesfürchtige Männer aus allerlei Volk« ihre geistgewirkten Zeugnisse ausrichteten. Pfingsten war das Beispiel, das in späteren Missionsunternehmen Nachahmungen erleben sollte.

Die besondere Art der Erfüllung wurde genau beschrieben. »Und sie wurden alle voll des Heiligen Geistes.« (Apg. 2,4) Dies

war kein Erlebnis, das nur auf jene Gruppe an Pfingsten beschränkt wurde, es war auch nicht ein einmaliges Geschehen.
Petrus zum Beispiel machte immer wieder dasselbe Erlebnis des
Erfülltwerdens mit dem Geist, wie in Apg. 4, 8 und 31 berichtet
ist. Die wiederholte Betonung dieses Themas in der Apostelgeschichte ist bezeichnend und zeigt auf, dass diese ersten
Missionare ihres Meisters Befehl ernst nahmen, sich nicht eher
in den Dienst zu stellen, bis sie mit Kraft aus der Höhe angetan
waren. Und diese Ausrüstung mit dem Heiligen Geist ist heute
das Wichtigste, denn ohne den Heiligen Geist ist ein wirkungs-
volles Zeugnis unmöglich.

Der Gedanke hinter dem Ausdruck »voll des Heiligen Geistes« ist nicht der eines passiven Behälters, der gefüllt werden
musste, sondern eines durch eine göttliche Persönlichkeit be-
wegten Menschen. Passivität hat damit nichts zu tun. Jede geis-
tige und seelische Kraft des Jüngers stand in höchstem und voll-
stem Einsatz, doch wurde der Leitung des Heiligen Geistes kein
Widerstand entgegengesetzt.

Es ist bemerkenswert, dass der Ausdruck »voll«, wie er in
Apg. 2, 4 und Eph. 5, 18 gebraucht wird, auch die Bedeutung von
»kontrolliert« in sich schließt. Zum Beispiel: »Und sie ... wurden
voll Furcht.« (Luk. 5, 26) »Doch weil ich das zu euch geredet
habe, ist euer Herz voll Trauer.« (Joh. 16, 6) Diese Menschen
waren von Furcht und Trauer gepackt und bestimmt. Thayer
sagt in seinem Lexikon in diesem Zusammenhang: »Was unseren
Verstand gefangen nimmt, füllt ihn aus.« Wir sind voll Geistes,
wenn wir ihm freiwillig erlauben, unsere ganze Persönlichkeit
auszufüllen und unter die Herrschaft Christi zu bringen. Wenn
er uns erfüllt, bestimmt er uns vom Zentrum unserer Persönlichkeit aus. Beständig erleuchtet er unsern Verstand, damit wir
die Wahrheit, wie wir sie in Christus Jesus finden, würdigen und
uns aneignen. Er reinigt und festigt unsere Gefühle und lenkt sie
auf Christus hin. Er kräftigt unseren Willen, damit er den Geboten Christi Gehorsam leiste. Er erleuchtet nicht nur unsere Persönlichkeit, sondern befreit und adelt sie auch. Auf diese Weise

flößte er neues Leben und neue Kraft in das Leben der Jünger ein und rüstete sie damit für ihren riesigen Auftrag aus.

Dieses Geschenk des Geistes war die normale und notwendige Ausrüstung des Missionars, und dafür gibt es auch heute noch keinen Ersatz.

Verwalter des Missionsunternehmens

Als Ausführender des großen Auftrags und Verwalter des Missionsuntemehmens wird dem Heiligen Geist in den Aufzeichnungen über die Erfolge der ersten Gemeinde größte Bedeutung beigemessen. Seine Autorität im Anfang des neuen Zeitabschnitts war gerechtfertigt in seinem eigenartigen Gericht im Geschehen von Ananias und Saphira. Die Sünde der Lüge gegenüber dem Heiligen Geist brachte über diese beiden das schreckliche Gericht plötzlichen Todes. »Warum hat der Satan dein Herz erfüllt, dass du den Heiligen Geist belögest... du hast nicht Menschen, sondern Gott belogen.« (Apg. 5, 3-4) Gott wollte dem Menschen verständlich machen, dass es nicht leichthin angehe, mit dem Heiligen Geist zu spielen, den er als Vollstrecker seiner Ziele auf Erden eingesetzt hatte. Es ist nicht ohne Bedeutung, wenn das erste Wort in der Missionsgeschichte unter den Nicht-Juden hieß: »Da ... sprach der Heilige Geist: Sondert mir aus ...« (Apg. 13, 2)

Die Berufung des Missionars ist die administrative Handlung des Heiligen Geistes. Es ist der Heilige Geist, der zum Missionsdienst beruft, nicht die sich anbietende Person oder die Gemeinde. Die Bibelstelle Apg. 13, 1-4 über die Berufung des Barnabas und Saulus beleuchtet dieses Thema klar. »Sondert mir aus Barnabas und Saulus zu dem Werk, dazu ich sie berufen habe«, lautete die Botschaft des Heiligen Geistes. Der göttliche Ruf geht jeder Handlung von Gemeinde oder Missionar voraus. Die Verantwortung der Gemeinde lag im Aussondern, dem Anerkennen der Berufung durch den Heiligen Geist und der darauf erfolgten Tat. Es ist bemerkenswert, dass der Heilige Geist die

fähigsten Menschen für seinen Zweck auswählte und die Gemeinde nichts dagegen einwandte. Die Verantwortung des Missionars lag im gehorsamen Annehmen des Rufs. Schließlich liegt
die Beurteilung der Fähigkeit weder bei dem Einzelnen noch bei
den Gemeindeältesten, sondern allein bei dem Heiligen Geist.
Sie brauchten nur auf sein Leiten zu achten und seinem Befehl
zu gehorchen. Die Gemeinde bestimmte den Ausgang nicht, und
die Kandidaten mussten nicht massenhaft Zeugnis über ihre
Berufung ablegen. Die Missionare wurden als eine Gruppe geistlicher Führer erfunden, die in Gebet und Selbstverleugnung »dem
Herrn dienten«. Doch blieb es nicht immer so. Vor allem in den
ersten Zeiten moderner Missionen mussten die Missionare unter
erdrückenden Widerständen oder Gleichgültigkeit der Gemeinde ausreisen, die nichts von der Stimme des Heiligen Geistes
verstand — mächtige Männer wie ein Raimund Lullus und William Carey. Doch obgleich von Menschen vernachlässigt, waren
sie doch nicht vergessen von dem Heiligen Geist, der sie berufen
hatte.

Die Aussendung der Missionare geschah durch den Heiligen
Geist in Übereinstimmung mit der Gemeinde. »Da fasteten sie
und beteten und legten die Hände auf sie und ließen sie gehen.
Diese nun, wie sie ausgesandt waren vom Heiligen Geist, kamen
sie gen Seleucia.« (Apg. 13,3-4) Das Einverständnis der Gemeinde mit dem Geist äußerte sich darin, dass die Glieder den
Ausziehenden die Hände auflegten, doch war der Heilige Geist
der bevollmächtigte Sender und der Einsegnende. Die Gemeinde weihte und beauftragte jene, die der Geist bereits geheiligt
hatte. Ohne die vorherige Weihe durch den Geist ist das Hand-
auflegen der Menschen wertlos.

Die Wahl des Wirkungsfeldes gehörte ebenfalls zum Hoheitsrecht des Geistes und nicht der Missionare. Allein der Heilige
Geist kennt den Arbeitsplan des Herrn der Ernte, dem er dient.
Dies ist erstaunlich klar gemacht in den Reisen des Paulus. Auf
der ersten Reise leitete der Geist die Missionare nach Zypern,
auf dem Meerweg nach Asien und nach der römischen Welt.

Über ihre zweite Missionsreise lesen wir: »Da sie aber durch Phrygien und das Land Galatien zogen, ward ihnen gewehrt von dem Heiligen Geiste, zu reden das Wort in Asien. Als sie aber kamen an Mysien, versuchten sie durch Bithynien zu reisen, und der Geist ließ es ihnen nicht zu.« (Apg. 16,6-7) Der Heilige Geist allein weiß um die strategisch wichtigen Punkte, und wer dort am besten hinpasst und dient. Carey wollte auf den Südsee-Inseln arbeiten, der Geist bestimmte ihn für Indien. Barnardo fühlte sich nach China berufen, doch der Geist hielt ihn in England zurück. Judsons Ziel war Indien, der Geist leitete seine Schritte nach Burma. Und wie wichtig war es für das Missionsunternehmen, im Lichte der späteren Ereignisse gesehen, dass sie seine Leitung beachteten! Asien und Bithynien sollten das Evangelium auch bekommen, doch für den Augenblick wies die göttliche Planung westwärts nach Europa, von wo aus das große Missionsunternehmen vorangetrieben werden sollte. Europa reifte damals der Ernte entgegen. Die angelsächsische Rasse sollte die Missionspioniere stellen, und durch ihre Mitwirkung wurden fünf Sechstel aller Missionsarbeit getan. Paulus war geistlich feinfühlig genug, um auf das Zurückhalten des Heiligen Geistes eingehen zu können. Er drängte nicht eigenwillig voran, sondern prüfte in der Stille im Gebet und Beraten den geographischen Plan Gottes für ihn und seine Begleiter. Es sollte darauf geachtet werden, dass die Ausbreitung der Gemeinde nach unerwarteten Gegenden durch das Drängen des Heiligen Geistes geschah und nicht durch sorgfältige Planung der Missionare.

Der Geist entscheidet über die Zeit des Missionsprogramms. Wie oft meinen wir, der Herr treibe sein Werk zu langsam voran! Warum wartete er siebzehn Jahre nach der Vollendung der Ereignisse, auf die sich das Christentum gründet, ehe er sein weltweites Missionsprogramm in Angriff nahm, und warum sandte er dann nur zwei Missionare aus? Warum ein solch armseliger Krafteinsatz angesichts einer solch erschreckenden Not? Wir müssen lernen, dass Gottes Gedanken höher sind als unsere Gedanken und seine Wege unverständlich. An uns liegt es, zu merken, wann der Heilige Geist zurückhält, und auf sein Offenbaren des richtigen Zeitpunktes zu warten. Wir müssen erkennen lernen, dass es eine Flut und Ebbe des Geistes gibt. Er arbeitet nach einem peinlich genauen Plan, und wenn wir in unserm eigenen Pflichtenkreis seine Stunde verpassen, dann tun wir es zu unserem eigenen Schaden und zu unserer eigenen Enttäuschung.

Die Bestimmung der Mitarbeiter liegt ebenfalls im Gebiet der Autorität des Geistes. Saulus wählte seinen Mitarbeiter nicht selbst aus — dieser wurde ihm durch den Heiligen Geist zugewiesen. Sogar der brillante und hoch gebildete Apostel wurde nicht ohne einen erprobten, älteren und geistlich starken Mitarbeiter ausgesandt. Die Zusammenstellung des Paulus mit Barnabas war nicht Zufall. Barnabas wird als reifer, erfahrener Bruder »ein Sohn des Trostes genannt«. Seinen natürlichen Gnadengaben fügte der Heilige Geist Zielstrebigkeit, feurigen Eifer, unaufhaltsames Vordrängen und die glänzenden intellektuellen Kräfte des Paulus bei, der bereits lange Zeit in Gottes Schule zubereitet war. So fanden sich in diesen beiden Missionaren wunderbare Gaben vereinigt. Doch sogar unter solch geistlich aufgeschlossenen begabten Menschen entstand in der späteren Zusammenarbeit eine Verstimmung durch den Neffen des Barnabas, Johannes Markus (Apg. 15,39). Dieses bedauerliche Ereignis gebrauchte aber der Heilige Geist, und nun zogen anstatt einer Gruppe deren zwei aus.

Eine andere Tätigkeit des Geistes ist, *den Missionar zu strategisch wichtigen Personen zu führen.* Ein eindrückliches Beispiel dafür ist der Ruf des Geistes an Philippus, nach »Gaza, die da wüst ist, zu ziehen« und die rasch um sich greifende Erweckung in Samarien zu verlassen, in der er eine wichtige Rolle spielte. Oberflächlich gesehen, schien dies das Gegenteil einer gesunden Beurteilung zu sein. Doch als Philippus, der Stimme des Geistes gehorchend, Gaza erreichte, traf er genau in dem Augenblick mit jenem äußerst einflussreichen Mann zusammen, der nach Christus und seinem Heil suchte (Apg. 8,28). Als Belohnung für seinen bedingungslosen Gehorsam wurde er von diesem zubereiteten Sucher gebeten, ihm das Evangelium zu erklären, worauf er Christus sofort in sein Leben aufnahm. Und dann drang durch den Bekehrten, den äthiopischen Schatzmeister, das Evangelium in dieses Königreich hinein. Ohne das Dazwischentreten des Heiligen Geistes wäre Philippus nie nach Gaza gereist, und Äthiopien wäre ohne das Evangelium geblieben. Jedes Missionsfeld erlebt ähnliche, wenn auch weniger auffallende Beispiele.

Eins der akuten Probleme der Missionsarbeit ist der Druck der Finsternismächte. Zuweilen scheint dieser kaum erträglich zu sein, doch auch hier ist der Heilige Geist gegenwärtig und *vermittelt die nötige Kraft gegen den satanischen Widerstand.* Elymas, der Zauberer, widerstand Barnabas und Saulus und versuchte, den Landvogt vom Glauben abzubringen. »Saulus aber, der auch Paulus heißt, voll Heiligen Geistes, sah ihn an und sprach: O du Kind des Teufels, voller List und Schalkheit und Feind aller Gerechtigkeit, du hörst nicht auf, abzuwenden die rechten Wege des Herrn ... und sollst blind sein.« (Apg. 13,9-11) Er erlebte das Mitwirken des Heiligen Geistes gegen satanisch inspirierten Widerstand. Der Geist vermittelte ihm zuerst geistliche Einsicht, um den Ursprung der Unruhe zu erkennen, und dann geistliche Autorität zum Handeln. Er enthüllte daraufhin kühn das Wesen der Urheber, den Geist und das Ziel des Widerstandes durch Elymas und flehte das Gericht Gottes über diesen herab (Apg. 13,10-11).

Dann stärkte der Heilige Geist die Missionare inmitten von Widerstand und Entmutigung, als die Juden in ihrer Feindseligkeit gegen Jesus sie von ihren Küsten vertrieben. Die eigenartige Folge war, dass die Jünger dabei voll Freude und Heiligen Geistes wurden (Apg. 13,50-52). Sie wurden über ihre Umstände hinausgehoben und konnten sich in ihren Leiden freuen. Sie entdeckten, dass der Heilige Geist göttlicher Ansporn und Tröster ist.

Es war auch der Heilige Geist, der *die Gemeinde im Einsetzen ihrer Ältesten leitete.* Diese wurden nicht durch Abstimmen gewählt. »So habt nun Acht auf euch selbst und auf die ganze

Herde, unter welche *euch der Heilige Geist gesetzt hat* zu Bischöfen.« (Apg. 20, 28) Er selbst bestimmte die Hirten für die Herde. Die Ernennungen vom Niedrigsten zum Höchsten gehörten nicht in den Machtbereich der Ältesten, sondern zu den Hoheitsrechten des Geistes. Auch für den bescheidensten Dienst innerhalb der Gemeinde musste das Gemeindeglied durch den Geist bestimmt werden (Apg. 6, 3).

Beim ersten Kirchenkonzil in Jerusalem wurde die Gegenwart und *Leitung des Heiligen Geistes* von den anwesenden Gemeindevertretern klar erkannt. In vielen Zweifelsfragen war er die entscheidende Stimme. Die Art und Weise, wie sich der Vorsitzende über den Konzilbeschluss ausdrückt, war ein klarer Hinweis auf den Platz, den sie dem Heiligen Geist in ihren Besprechungen einräumten. »Es gefällt dem Heiligen Geist und uns...« (Apg. 15, 28) In ihren Besprechungen durfte er den ersten Platz einnehmen.

Die Wichtigkeit, die die ersten Missionare dem Wirken des Heiligen Geistes zumaßen, kann in der Sorgfalt, mit der sie die Bekehrten und Gläubigen auf sein Amt hinwiesen, ermessen werden (Apg. 8, 17; 9, 17). Paulus schrieb die Fruchtlosigkeit der zwölf Männer in Ephesus ihrer Unwissenheit über das Erfüllt- und Bevollmächtigtsein mit dem Geist zu (Apg. 19, 2-6). Haben wir hier nicht einen klaren Beweis für die Unterweisung der ersten Gläubigen über dieses entscheidende Thema?

Wenn die Gemeinde und ihre Missionare dem Heiligen Geist den weitesten Raum in ihrem Planen und ihrem Handeln einräumen, können wir einen auffallenden Fortschritt auf den Missionsfeldern der Welt erwarten. Doch ist es erwiesene Tatsache, dass dort, wo seine Hoheitsrechte nur spärlich beachtet werden, ihm wenig Gelegenheit zur Entfaltung seiner Macht gegeben wird.

Anders war es bei Jonathan Goforth, der in seinem Dienst kraftvolle Erweckungen in China und Korea erleben durfte. Es war ihm ein tiefes Anliegen, in seinem Arbeitsfeld eine Erweckung zu sehen; darum forschte er in der Bibel nach allem, was über die Person und das Werk des Heiligen Geistes geschrieben steht. Er begann den Gruppen von Gläubigen, die er besuchte, darüber zu predigen. Tiefe Sündenerkenntnis und Bekenntnisse, sowie eine wachsende Zahl von Bekehrungen waren die Folge.

Während er eines Tages in einer chinesischen Stadt zu heidnischen Zuhörern sprach, die die Straßenkapelle füllten, sah er, wie die Herzen dieser Menschen bewegt wurden, wie er es nie zuvor erlebt hatte. Als er die Worte: »Welcher unsere Sünden selbst hinaufgetragen hat an seinem Leibe« (1. Petr. 2,24) auslegte, schien es, als ob die Erkenntnis ihrer Sünde sich in den Gesichtern ausdrückte, und bei der Aufforderung zur Entscheidung erhoben sich alle Anwesenden. Goforth wandte sich an einen der zehn Evangelisten, die ihn begleitet hatten. Da bemerkte er auf ihren Gesichtern denselben Ausdruck tiefer Ehrfurcht. Einer flüsterte ihm zu: »Bruder, der Mann, für den wir schon so lange gebetet haben, befindet sich unter den Zuhörern.« Wohin sie sich in den folgenden Tagen wandten, fanden sie heilsverlangende Menschen. Goforth hatte mit seinen Mitarbeitern dem Heiligen Geist in ihrem Missionsunternehmen den rechtmäßigen Platz eingeräumt, und dafür ernteten sie die Belohnung in seinem mächtigen Wirken in ihrer Mitte.

Eine der erschütterndsten Geschichten über das Wirken des Heiligen Geistes auf den Missionsfeldern ist die der »Lone Star Mission« in Ongole, Indien. Nach fünfzehn Jahren aufopfernder Arbeit gab es nur zehn bekehrte Einheimische. Darum beschloss die Baptistische Missionsgemeinschaft im Jahre 1853 wegen des hohen Defizits die Schließung der Missionsstation. Dr. Colver bat in beredten Worten für die kleine, durch hohe Verluste gewonnene Gemeinde. Dr. Edwin Bright, der Sekretär, schloss sich seiner Rede an und sagte zum Schluss: »Wo ist der Mann, der jener kleinen Gemeinde den Brief schreiben oder den zehn Gläubigen die Botschaft bringen will, dass die amerikanischen Baptisten sich zur Schließung der Station entschlossen haben?« In heftiger Gemütsbewegung ging er auf dem Podium hin und her und fragte: »Und wer soll den Brief schreiben?«

In jener Nacht konnte Dr. Samuel Smith, Autor des Buches »My country, 'tis of Thee« (»Meine Heimat ist in dir«), nicht schlafen. Während der Unterredung hatte die aufgehängte Weltkarte, auf der die Missionsstationen mit Sternen bezeichnet waren, sein Interesse geweckt. Burma war dicht besetzt mit Sternen, doch Nellore in Indien wies nur einen Einzigen auf. Jemand hatte auf den einsamen Stern hingewiesen. In jener Nacht schrieb Dr. Smith sein ergreifendes Gedicht »Leuchte, einsamer Stern!«, in dem er mit eindringlichen Worten die Notwendigkeit dieser Missionsstation zum Ausdruck bringt.

Während des Frühstücks bat Richter Harris, der Vorsitzende, Dr. Smith um seine Ansicht. Dieser zeigte ihm sein Gedicht. Der Vorsitzende las es den Versammelten in tiefer Bewegung vor. Alle waren ergriffen, und viele weinten. Neue Hoffnung flackerte auf. Und das Resultat? Eine große Geistesbewegung krönte ihren Glauben. An einem einzigen Tag konnten in Ongole 2.222 Menschen getauft werden. Dreißig Jahre später zählte die Ongole-Gemeinde 15.000 Glieder. Damit war sie die größte Baptistengemeinde der Welt.

Nachwort

Das Neue Testament kennt drei Arten von Gläubigen — den geistlich Reifen, den geistlich Unreifen und den geistlich Kranken. Der Gläubige kann leider unreif bleiben oder sich sogar zurückentwickeln. Die Schrift sucht die Ursache solchen Versagens zu erfassen und an seiner Beseitigung mitzuhelfen. Die vorhergehenden Kapitel sind ein Versuch, dem Bedürfnis jeder der angeführten Klassen zu begegnen und zu zeigen, dass jedes Trachten nach einer völligen Nachfolge Jesu im engen Anpassen an den dreieinigen Gott Erfüllung findet.

Der geistlich Unreife muss von einem anfänglichen Interesse an den göttlichen Wahrheiten zu einer vollen und tiefen Erkenntnis Gottes in Christus kommen. Das Universalmittel für geistlich Kranke liegt im Zurückverfolgen der Schritte, die zum Versagen führten, und zu einem neuen Sichaneignen seiner mehr als ausreichenden Gnade. Wahre geistliche Reife bewirkt nicht so sehr ein Gefühl, schon am Ziel zu sein, als vielmehr die bestimmte Absicht, geistliche Reife zu erlangen.

Wir sind beim Lesen der Schrift erschrocken über die Heiligkeit Gottes und seine Abneigung gegen die Sünde. Wir sind uns neu der Wohltat seiner Voraussicht und des Urteilsvermögens seiner Jünger bewusst geworden. Seine unendliche Geduld in der Vervollkommnung des christlichen Charakters und die Verheißung seiner Gegenwart inmitten von Schwierigkeiten haben uns gedemütigt. Eine solche Gottesschau soll in heilige Ehrfurcht führen, in ein ruhiges Vertrauen und ein tröstliches Wissen, dass er unser Leben mit unendlicher Sorgfalt und Geschicklichkeit regiert.

Wir haben unsere Augen auf Jesus gerichtet, haben etwas von seiner Herrlichkeit und Majestät, von der Hoheit seines Lebens und vom Triumph seines Sterbens gesehen. Wir haben ihn am Kreuz erbleichen sehen und auf den Thron erhöht. Wir haben seine bindenden Voraussetzungen zur Jüngerschaft gehört und die Möglichkeit eines Lebens königlichen Regierens durch ihn geschaut. Wir fallen zu seinen Füßen in Anbetung und Selbsthingabe.

Einige der äußerst wichtigen Ämter des Heiligen Geistes haben wir betrachtet. Seine inspirierende und umwandelnde Kraft, sein verzehrendes und reinigendes Handeln, sein unwiderstehliches Wirken und seine missionarische Passion haben uns die Gewissheit verliehen, dass er eins ist mit dem Vater und dem Sohn in ihrem Vorhaben, uns zur geistlichen Reife zu führen. Das Leben ist allein geistlich reif, das sich den heiligen Einflüssen von Vater, Sohn und Heiligem Geist ohne Vorbehalt ausliefert.

Wie gewinne ich Menschen für Christus?
J. Oswald Sanders

112 Seiten, Taschenbuch
Best.-Nr.: 30857

Dieses Buch wurde von einem Mann geschrieben, der nicht allein die Theorie des Seelengewinnens kannte, sondern diese auch in der Praxis verwirklichte. Heutzutage gibt es nur wenige, die solch ein Wissen um das »Wie« mit Leidenschaft in die Tat umsetzen. Es gibt viele Christen, die noch nie eine Seele für Christus gewonnen haben. Sie wissen nicht, welche Freude ihnen entgeht!

»Selbst wenn ich ausgesprochen egoistisch wäre und mich um nichts kümmern würde, als um mein eigenes Glücklichsein, würde ich mich — wenn das nach Gottes Willen möglich wäre — für den Dienst als Seelengewinner entscheiden; denn niemals habe ich ein vollkommeneres, überströmenderes, unaussprechlicheres Glücksgefühl erlebt als an dem Tag, an dem ich zum ersten Mal erfuhr, dass ein Mensch den Heiland mit meiner Unterstützung gesucht und gefunden hatte. Keine junge Mutter freut sich mehr über ihr erstgeborenes Kind! Kein Kriegsmann jubelt lauter über einen hart erfochtenen Sieg.« Das sagte der unübertroffene Seelengewinner Charles H. Spurgeon. Wer diese Aussage für übertrieben hält, hat sich der hohen Kunst eines Seelengewinners noch nie hingegeben.

Geistliche Leiterschaft
J. Oswald Sanders

160 Seiten, Paperback
Best.-Nr.: 30855

Mit einer Gesamtauflage von über 500.000 Exemplaren hat sich dieses Buch als ein **zeitloser Klassiker zum Thema Leiterschaft** erwiesen. Die Gemeinde braucht Leiter, die sich selbst von Gott leiten lassen und sich ihm ganz und gar hingeben. *Geistliche Leiterschaft* möchte Sie dazu ermutigen, Ihre Talente und Kräfte Gott zur Verfügung zu stellen und in seinem Dienst brauchbarer zu werden.

»Dieses Buch sollte der ständige Begleiter jedes Unterhirten im Dienste des Heilands sein. Am hilfreichsten ist die Tatsache, dass nicht Methoden, sondern der Charakter, die Hingabe und das Leben vor Gott betont werden. Ich habe das Buch immer wieder gelesen um die Grundlagen meiner Aufgabe besser zu begreifen und habe es dem gesamten Leiter-Team unserer Gemeinde zum Lesen gegeben.«

John MacArthur

Leben aus der Quelle
J. Oswald Sanders

112 Seiten, Taschenbuch
Best.-Nr.: 30856

Jeder, der geistlich wachsen möchte, wird in diesem Buch
großartige Unterstützung finden. Es ist ganz und gar auf die
Praxis des christlichen Lebens ausgerichtet und ermutigt den
Leser, neue Glaubensschritte zu wagen.
Auch die Übel werden aufgezeigt, an denen in dieser verworre-
nen Zeit so viele Christen in ihrem geistlichen Leben krank
sind. Gleichzeitig wird auf das hingewiesen, was uns die Schrift
verordnet, um diese Unordnung zu überwinden.

Ein sehr ermutigendes Buch für junge Christen, die am Anfang
ihres Glaubenslebens sind. Doch auch solche, die schon seit
vielen Jahren im Glauben stehen, bekommen neue Impulse,
mit Jesus Christus ein Leben in Heiligung und in der Fülle des
Geistes zu führen.

**Der Mann wie
Gott ihn haben will**
Gene A. Getz

160 Seiten, Taschenbuch
Best.-Nr.: 30830

In seinen Briefen an Timotheus und Titus beschreibt Paulus eingehend die Qualifikationen für Männer, die irgendeine Funktion in der Gemeinde ausüben. Die meisten der 20 Merkmale oder Eigenschaften, die er anführt, bezieht er in seinen anderen Briefen allgemein auf alle Gläubigen. Darum hat dieses Buch, obwohl in erster Linie für Männer geschrieben, auch Frauen etwas zu sagen.

Dieses Buch zeigt in klarer, biblisch fundierter Weise, wie der gläubige Mann zum reifen Mannesalter in Christus kommen kann. Frauen können hier entdecken, wie sie ihrem Mann die unterstützende Liebe und das Verständnis entgegenbringen können, die er braucht, um zur vollen Reife im Glauben zu gelangen.

Dieses Buch spiegelt die Erfahrungen des Autors mit einer Gruppe von Männern wider, die zusammen das Entstehen der Fellowship Bible Church in Dallas, Texas, erlebten. Dr. Gene A. Getz ist außerordentlicher Professor für praktische Theologie am Theologischen Seminar Dallas und Verfasser einer Reihe von Büchern.

Lehrerin des Guten
Martha Peace

160 Seiten, Paperback
Best.-Nr.: 30829

»[Du aber rede] ... *dass sich die alten Frauen
gleicherweise so verhalten sollen, wie es Heiligen geziemt,
dass sie nicht verleumderisch sein sollen, nicht vielem Wein-
genuss ergeben, sondern
Lehrerinnen des Guten,
damit sie die jungen Frauen dazu anleiten,
ihre Männer und ihre Kinder zu lieben, besonnen zu sein,
keusch, häuslich, gütig, und sich ihren Männern unterzuord-
nen, damit das Wort Gottes nicht verlästert wird.«
Titus 2,3—5 (Schlachter-Übersetzung)*

Dieser (oft sehr vernachlässigte) Abschnitt der Heiligen Schrift
bildet die biblische Grundlage für dieses Buch. Martha Peace
stellt den gläubigen Frauen eine Hilfe zur Verfügung, zunächst
den eigenen Charakter von Gott formen zu lassen und dann
auch die Verantwortung für den Dienst an anderen (jüngeren)
Frauen wahrzunehmen.

Unterordnung — Einschränkung oder Privileg?
Elizabeth Rice Handford

144 Seiten, Taschenbuch
Best.-Nr.: 30828

Gottes Weg zum Glück und Segen für die Familie führt über die Unterordnung der Ehefrau unter ihren Mann. Wenn eine Frau erkennt, welche Verantwortung in der Unterordnung steckt und diese Verantwortung wahrnimmt, bringt ihr der Plan Gottes Privilegien, Segnungen und Freuden, die sie auf keinem anderen Weg bekommen kann.

Die Autorin fasst das oft umstrittene Thema sehr warmherzig an. Sie spricht aus dem Leben heraus, sowohl aus ihrem eigenen als auch aus dem Leben der vielen Frauen mit denen sie persönlich zu tun hatte. Diese aus dem Leben gegriffenen Beispiele machen das Buch sehr lebendig und praktisch.

Elizabeth Handford macht keine Abstriche von der biblischen Wahrheit, sondern zeigt den reichen Segen, den der Gehorsam gegenüber Gottes Ordnung mit sich bringt. Dieser Segen gilt nicht nur der Frau, sondern ihrer ganzen Familie und ebnet selbst einem ungläubigen Ehemann den Weg zu dem Herrn Jesus Christus.

Seelsorge mit der Bibel
Jay E. Adams

96 Seiten, Paperback
Best.-Nr.: 30866

Viele Leser werden behaupten, man könne die Bibel nicht als Lehrbuch für die Seelsorge verwenden. Das sei nicht ihr Ziel und ihre Absicht. Andere wiederum werden mir vorwerfen, ich sei nicht »fundamentalistisch« genug. Ich gehe davon aus, dass die biblischen Aussagen für unsere Zeit Gültigkeit haben. Auch wenn dieses Buch die kritischen Anfragen nicht unmittelbar beantwortet, so kann man diesen doch keine wirkungsvolleren Argumente entgegenstellen als eine positive biblische Schau und Methodenlehre. Der Leser mag entscheiden, ob mir dies gelungen ist. Ich hoffe, dieses Buch wird für viele zum Ansporn und zur Hilfe für die Seelsorgearbeit.

Jay E. Adams

Anhand von praktischen Beispielen setzt sich Jay Adams hier vor allem mit den praktischen Fragen der Seelsorge mit der Bibel auseinander:

- Wie setzt man die Bibel in der Seelsorge ein?
- Welche Konsequenzen ergeben sich im praktischen Vorgehen?
- Mit welchen Widerständen muss man rechnen?
  Wie überwindet man sie?
- Was ist das Ziel der biblischen Seelsorge?
  Wie wird es erreicht?

Frucht für Gott
Ernst Modersohn

112 Seiten, Taschenbuch
Best.-Nr.: 30853

Das 14. Kapitel des Johannes-Evangeliums schließt mit den Worten:
»*... aber die Welt soll erkennen, dass ich den Vater liebe und tue, wie
mir der Vater geboten hat. Steht auf und lasst uns von hier wegge-
hen.*« Damit steht der Herr Jesus auf von dem Tisch, an dem Er mit
seinen Jüngern das Passahlamm gegessen hat, wo Er das Abendmahl
eingesetzt hat, um nun nach Gethsemane und in sein Leiden zu
gehen.

Er bricht auf. Die Jünger folgen Ihm. Durchs Kidrontal geht's
hinab. Der Weg führt durch Weinberge. Das Licht des Vollmondes
liegt hell auf den Weinstöcken, an denen sie vorüberschreiten. Da
bleibt Jesus stehen. Sinnend blickt Er auf einen Weinstock. Seine
Jünger scharen sich um Ihn. Er fängt an zu sprechen. Ergriffen,
bewegt lauschen die Jünger. Noch im Alter weiß Johannes genau,
was Jesus in dieser Nacht geredet hat. Was Er gesagt hat, das ist in
Johannes 15 niedergeschrieben worden: »*Ich bin der wahre Weinstock, und mein Vater der Weingärtner. Eine jede Rebe an mir, die
keine Frucht bringt, wird er wegnehmen; und eine jede, die Frucht
bringt, wird er reinigen, dass sie mehr Frucht bringe...*«

Lasst uns still in den Kreis der Jünger treten und lauschen, was
der Meister dort in den Weinbergen des Kidrontales geredet hat!
Was Er dort sprach, gehört ja mit zu den »Abschiedsreden« Jesu. Es
gehört ja mit zu seinen letzten Worten. Und letzte Worte sind den
Hinterbliebenen immer besonders bedeutungsvoll und wichtig. Der
Herr aber wolle uns selber diese Betrachtungen dazu segnen, dass
es uns anbetungswürdig und groß werde: Er der Weinstock — wir
die Reben!